나에게 집중하기

나에게 집중하기

2016년 7월 5일 1판 1쇄 인쇄
2016년 7월 10일 1판 1쇄 펴냄

지은이 ㅣ 황현하
일러스트 ㅣ 김현빈
사 진 ㅣ 김정재
표지 디자인 ㅣ 홍시 송민기

발행인 ㅣ 김정재 · 김재욱
펴낸곳 ㅣ 나래북 · 예림북
등록 ㅣ 제313-2007-27호
주소 ㅣ 경기도 고양시 일산서구 대산로 215 연세프라자 303
전화 ㅣ (031) 914-6147
팩스 ㅣ (031) 914-6148
이메일 ㅣ naraeyearim@naver.com

ISBN 978-89-94134-43-7 03320

타인의
시선으로부터
나를 찾는
진정한 힘!

나에게
집중하기

황현하/지음

나래북

나를 향한 첫 걸음, 밖을 향한 한 발짝

FOCUS ON ME

모든 가능성은 내 안에 있다

나를 발견하다

'나는 누구일까, 내가 태어난 이유는 무엇일까, 어떻게 살아야 하는 것일까.' 이 책은 나 스스로에 대한 질문으로 시작되었다. 쳇바퀴 같은 생활에 울고 웃던 어느 날, '나는 나에게 얼마나 집중하는가?' 자문했다. 질문에 속 시원하게 대답하고 싶었지만 답이 나오지 않았다. 주위 사람에게 물어보면 먹고살기 바쁜 세상에 이런 생각조차 사치라며 핀잔을 주었다. 결국 답을 찾지 못했다. 하지만 생각이 꼬리에 꼬리를 물었다. 내 삶은 내 것인데 내 것처럼 사용하지 않고 있었다고 결론 내릴 수 있었다. 현실에 맞추어 주어진 대로, 주위 사람이 시키는 대로, 교육받은 대로 삶을 살았다. 정작 내 삶에 나는 없었다. 우연한 질문으로 얻은 깨달음이다.

같은 고민을 하는 사람이 있을 거라 생각하고 서점으로 달려갔다. 다행히 몇 몇 저자들의 책에서 내 삶을 내 것처럼 살지 못하는 이유를 찾았다. 그리고 자신에게 집중하라는 메시지로 마무리한 책을 다수 발견했다. 많은 힌트를 얻었지만 화려한 이력을 지닌 저자들의 이론은 쉽게 이해할 수 없는 난해한 것들이었다. 서점을 다녀오고 내가 해야 할 일을 조금씩 정립해나갔다.

'남의 말에 흔들리지 않기, 현상이 일어나면 있는 그대로 지켜보기, 쉬운 내용으로 나에게 집중하는 법 집필하기……'

메모를 통해 내 생각을 정리했고 버킷리스트를 완성해갔다. 일주일 후 조용한 카페에서 잡음을 다 끊어버리고 온전히 나에게 집중했다. 그리고 노트북을 켜고 '제목을 무엇으로 할까. 목차를 어떻게 구성할까.' 고민했다. 천천히 사례를 모으고, 이야기를 전개하며 책을 완성해나갔다. 누구에게 '내가 책을 쓸 수 있을까' 묻거나, '주제를 무엇으로 할까' 묻지 않고 스스로에게 묻고 답하며 빈 칸을 채워갔다. 그리고 언어의 층위를 배열하고, 순서를 확립했다.

이 책의 1장은 우리의 현실에 대해 이야기했다. 즉 세상을 직시하자는 내용이다. 어린 시절 받은 교육부터, 흘러넘치는 광고, 1차원적인 만족에 머물게 하는 미디어의 보이지 않는 폭력까지. 우리의 눈을 가리는 것에 대해 말했다. 2장은 관계 때문에 나에게 집중하거나, 그렇지 못하는 현실을 말했다. 타인의 시선에 민감한 우리 이야기와 평범하게 살기도 어려운 세상에 평범하게 살라고 말하는 수많은 관계에 대해 말했다. 3장은 여러 가지 방해 요소를 물리치고 나에게 집중하라는 메시지와 그 방법을 제시했고 마지막 4장은 나에게 집중한 후 밖으로 나가 심리적 독립을 유지하는 방법을 이야기했다.

현실을 날것 그대로 보여주기 위해 전문적인 이론이나 권위자의 말을 인용하는 것을 자제했다. 일상에서 겪게 되는 일들과 흔히 볼 수 있는 뉴스와 현상들로 이야기를 전개했다. 즉 이것은 나의 이야기이며 일상을 함께하는 우리 이야기인 셈이다. 이 책이 많은 사람에게 '나에게 집중' 하는 일의 중요성과 그 방법을 쉽게 접근하는 데 작은 일조를 하길 빌어본다.

우리는 생각보다 중요한 일을 해낼 수 있는 큰 사람들이다. 반대로 한없이 작아질 수도 있다. 내면에 위치한 힘의 차이다. 세상이 강요하는 모습을 무조건 수용하는 것이 아닌, 나에게 맞는 방식을 찾아 더욱 집중한다면 우리는 생각보다 크고 많은 일을 해낼 수 있다. 하늘 아래 같은 얼굴이 없고 손금이 없다고 한다. 하물며 그것이 이루고 있는 사람은 어떻겠는가. 우리 각자는 분명 타고난 재능이 다르고 현실이 다르다. 누군가에게 맞추려 하기보다는 자기 자신의 이점을 스스로 깨닫기를 원한다. 이 책을 접하는 당신에게 빛이 비춰지길 축복한다.

이 책이 세상에 나올 수 있도록 도와주신 나래북 임직원 분들과 끝까지 믿고 응원해주신 부모님께 감사드린다.

따뜻한 봄 햇살 아래
황현하

나를 향한 첫 걸음, 밖을 향한 한 발짝!

contents

CHAPTER 04

세상, 나에게 집중해야 밖에서도
흔들리지 않는다

epilogue

직시,
나와의 만남을 방해하는 것들

쏟아지는 예상들에
피곤하기만 하다

・・・ 과거 조상들은 불확실성이 넘치는 사회에 살았다. 내일 식량을 걱정하는 건 물론 야생동물에게 생명의 위협을 받았다. 끊임없이 긴장해야 했고 피로는 누적되었다. 그래서 탄생한 것이 신비주의적 예언들이다. 미래를 예언하고 싶은 마음으로 별을 연구하고 자연현상을 관찰해 조금이라도 미래에 대한 확실성을 갖고 싶었다. 이런 욕심의 진화로 타로카드, 명리(命理)학 등이 탄생되었다.

지금 우리는 과거에 비해 확실성이 많은 시대에 살고 있다. 그 이유는 과학기술이 발전했기 때문이다. 얼마 전에는 일본에선 지진을 2~3분 먼저 예측하는 기술이 발명되었다고 대대적으로 홍보했다. 큰 지진이 일어나기 전 발생하는 미세한 고유파동을 감지하는 기술이다. 큰 지진을 앞두고 2~3분이 무슨 효과인가 싶겠지만 집에 가스 물을 잠거나 작은 건물 밖으로 나오기에 충분한 시간이다. 짧은 시간일지언정 많은 생명을 구할 수 있는 골든타임인 것이다. 꾸준한 과학기술 발전으로 지금은 일출시간과 일몰시간을 초 단위로 알 수 있고 장마철에 강수량을 예상하고 예방의학으로 수많은 질병을 대비할 수 있다. 과거에 비해 확실성은 높아지고 있다. 과거 사람들은 상상하지 못한 것을 예측 가능한 세상에 우리는 살고 있는 것이다.

과학기술의 발전으로 확실성이 높아지면서 과거에 비해 안전한 사회가 되었다. 즉 과거에 비해 정확한 예측이 가능해졌다는 뜻이다. 많은 단체나 연구소에서 높은 적중률로 여러 예측을 쏟아내고 있다. 우리는 쏟아지는 예상 속에서 피로가 누적되고 있고 그것의 옳고 그름과 정확성을 판단하느라 우리 자신에게 집중할 시간을 잃고 있다.

주식 관련 커뮤니티에 접속해본 사람이 있을 것이다. 하루에도 수백 가지 예상들이 쏟아져 나온다. 황당한 내용도 많지만 논리적이고 설득력 있는 내용도 많다. 그런 예상들을 참고 삼아 이익을 본 사람들도 많다. 하지만 한 기업을 가지고도 하루에 수많은 예상들이 쏟아지는 바람에 보는 사람으로서 피곤하기도 하다.

지인 중에 주식 관련 일을 하는 사람이 있다. 그가 말하길 지속적으로 이익을 내는 사람은 따로 있다고 한다. S 씨가 그렇다. 과거 자만에 빠져 크게 망하고 재기를 한 케이스다. 자신의 성공담을 떠벌리고 다니거나 차트 분석 기법을 가르친다고 사람을 모으지는 않는다. 말 그대로 '외로운 늑대'처럼 혼자 모든 걸 한다. 그의 삶은 정말 단순하다. HTS(주식홈트레이딩제)로 주식을 하며 술, 담배를 삼가는 건 물론이고 핸드폰도 되도록 받지 않는다. 사람 만나는 것도 자제한다. 그 시간에 독서와 신문 읽기, 사색을 한다. 쏟아지는 예상들에는 눈길 한 번 안 준다. 그가 이렇게 수도자적 삶을 사는 건 동물적 감각을 유지하기 위한 그만의 노력인 셈이다.

S 씨를 보며 세계적인 투자가 워렌 버핏 방 안에는 컴퓨터가 없다는 말을 생각했다. 불필요한 예상은 혼란만 줄 뿐 감각을 유지하는 데 아무 도움이 안 된다.

우리 삶으로 돌아와 보자. 우리 주변에는 많은 예상들이 쏟아져 나온다. 그 분야에 오랫동안 공부하고 연구해온 전문가들의 말이라 믿음이 간다. 하지만 예상들에 함몰되어 우리 자신을 잃어가고 있다는 생각을 해본 적 있는가.

매년 정부와 관련기관에서는 경제성장률을 내놓다. 같은 데이터를 가지고도 다른 성장률이 나온다. 경제성장률이 낮아졌다는 뉴스가 자주 들린다. 경제가 예상만큼 성장하지 못해 안타깝기만 하다. 분명한 건 예상은 어디까지나 예상일 뿐이라는 점이다. 결과가 나와야 정확하게 알 수 있다. 예상을 정답으로 생각하면 안 된다. 우리는 정확하지 못한 예상에서 자신의 존재마저 우왕좌왕하고 있는 건 아닌지 생각해봐야 한다.

경제 관련 프로그램에서 거시경제를 이야기할 때 부정적인 예상을 자주 듣는다. 누구 하나 속 시원하게 경제가 좋을 거라 말하는 사람은 없다. 이런 이유에 대해 문화심리학자이자 《에디톨로지》의 저자 김정운 소장은 전문가들이 위험부담을 줄이기 위해 부정적인 예상을 내놓는다고 설명한다. 만약 예상과 달리 경제가 좋다면 사람들은 부정적인 예상을 쉽게 잊고

축제를 즐기지만, 경제가 나쁘면 부정적인 예상을 놓은 전문가를 신뢰하게 된다. 그러니 긍정적인 예측을 내놓기가 힘들다는 것이다. 이렇듯 우리는 위험부담을 줄이고 싶은 전문가들이 쏟아내는 부정적인 예상이 넘치는 사회에 살고 있다.

자신을 알기 위해선 누구도 아닌 나에게 집중해야 한다. 그리고 자신의 그림으로 미래를 개척해야 한다. 이때 전문가들이 내놓는 예상들을 참고만 하지 않고 절대적 영향을 받는다면 나에게 집중할 수가 없다. 전문가들의 예상은 꼭 필요한 것만 취사선택하고 나머지는 버리는 것이 자신을 지킬 수 있는 법이다.

10여 년 전 모 국가기관에서 내놓은 10년 후 예상 유망 직종 중 하나가 가스안전관리자였다. 산업이 고도화되고 안전의 중요성이 강조되면서 빌딩의 효율적 관리를 위해 가스안전관리자라는 직업이 유망 직종이 된 것이다. 지인 중에 이런 발표를 믿고 꾸준히 관련 공부를 해서 자격증을 취득한 사람이 있다. 그는 무난히 지역에서 큰 빌딩을 관리하는 가스안전관리자로 취업에 성공한다. 그러나 유망한 직종에 일한다는 자부심도 잠시, 빌딩 관리 회사는 몸집을 줄이기 위해 곧 시설 관련 직종을 모두 아웃소싱업체에 넘겼다. 지인은 여러 사정으로 이직하지 못하고 2년마다 재계약하며 여러 회사를 전전하고 있다. 해고가 쉬워지면서 불안한 고용 상태를 유지하고 있는 것이다. 월급 역시 타 업종에 비해 상승하지 않았고 곧 결혼 적령기를 앞두고 이만저만 고민이 아니다.

사실 지인은 순진한 면도 문제가 되었지만 예상이라는 본질을 잊고 있었던 것 아닌가 생각된다. 가스 관련 업종은 분명 유망 업종이지만 업종을 운영하는 시스템의 미래를 읽지 못했다. 곧 아웃소싱 시대가 열린다는 사실 말이다. 그만큼 예상이 현실화되는 건 참 어려운 일이다.

쏟아지는 예상들 속에서 자신을 더욱 직시해야 한다. 특히 많은 예상들이 부정적인 예상이기에 부정적이라는 이유로 꿈이나 비전을 포기해선 안 된다. 컴퓨터가 처음 발명되었을 때 누군가는 비효율성을 이유로 5개 대륙에 한 대씩 팔릴 거라 예상했다. 결과는 정반대로 벌어졌다. 컴퓨터 개척자들이 이런 부정적인 예측을 믿고 개발을 포기했다면 지금과 같은 미래는 존재하지 않았다.

"미래를 예상하는 것보다 미래를 개척하는 게 훨씬 쉽다"는 말이 있다. 지금도 수많은 전문가들이 수많은 예상을 내놓고 있다. 쏟아져 나오는 예상을 보고 자신의 길을 찾는 것보다 내가 내 삶의 주인임을 인식하고 적극적으로 개척하는 것이 더 현명한 방법이다.

TIP

김성호는 《답을 내는 조직》에서 일할 때 사람의 유형을 4가지로 나누었다. 평론가형, 무기력형, 막무가내형, 해결사형이다. 그는 망하는 기업에는 팔짱만 낀 평론가로 가득하다고 말한다. 평론을 통해 쏟아내는 예상에 집중하는 것보다 자신을 미래를 만들어가는 해결사형으로 바꾸고 확실성을 키우는 존재로 만드는 게 더 바람직하다는 사실을 잊지 말자.

교육은 나를 알게 할
지식을 주지 않는다

· · · 한번쯤 '고려장(高麗葬)'에 대해 들어봤을 것이다. 고려시대 나이든 부모를 산에 버리는 풍습으로 효도의 참 의미를 알리기 위해 교과서에도 나온다. 이를 주제 삼아 방영된 어린이 교육만화가 2000년 초까지 방영될 만큼 고려장은 우리에게 많이 알려진 풍습이다.

최근 들어 고려장은 어느 기록에도 없는 허구라는 주장이 나왔다. 고려시대 어떤 기록에도 고려장 이야기도 없었고 조선시대 기록에도 등장하지 않았다. 그러다가 일제 강점기에 갑자기 '고려장'이란 단어가 나타났다.

일부에선 고려장이 일본의 통치행위로 탄생한 허구라 설명한다. 일본은 조선의 효도문화가 민족정신을 살리는 수단이 될 수 있으므로 효도문화를 왜곡시키기 위해 고려장을 탄생시켜 교육했다는 설명이다. 70년이 지나

도록 우리는 고려장의 탄생 배경을 연구하기보다 사실로 받아들이고 심지어 고려장을 통해 교훈까지 찾고 있는 현실이라고 전문가들은 말한다.

사실 일본이 저지른 역사 왜곡 통치행위는 너무 많다. 인공위성 사진으로 만든 현대 지도와 거의 흡사한 지도를 그린 조선 중기 김정호의 대동여지도. 27년간 제작한 대동여지도는 우리나라 지도사(地圖史)의 한 획을 그었다. 하지만 내가 학교에 다니던 90년대 김정호는 대동여지도를 완성하고 처벌을 받았다고 교육받았다. 이 내용 역시 교육만화로 만들어 나를 포함한 많은 어린이들이 보게 되었다.

정사(正史)를 보면 김정호는 처벌받지 않았고 오히려 4명의 임금으로부터 지도 제작 후원까지 받았다. 그리고 김정호를 도왔던 기술자들 역시 처벌받았다는 내용은 없다. 이 역시 일본의 역사 왜곡 중 하나라는 주장이 있다. 조선은 훌륭한 지도를 만들고 그것을 태워버리는 우매한 민족이라는 논리다. 고로 조선은 우매함을 벗어나기 위해 누군가의 지도를 받아야 한다는 논리가 성립된다. 역사나 일본의 잔인한 통치행위를 정당화하기 위한 사실 왜곡인 것이다.

교육의 중요성을 새삼 이야기할 필요는 없을 것이다. 하지만 교육의 중심에 있는 교과서 내용은 고려장이나 김정호 처벌 같은 잘못된 내용을 일반인들 머릿속에 심어주고 있다는 사실을 인식해야 한다. 교과서 내용을 있는 그대로 보기보다 한번쯤 의심할 필요가 있다. 더불어 교육이 말하는 성공 방식에 대해 한번쯤 의문을 제기할 필요가 있다. 교육이 나에게 집중하는 데 도움이 되는지, 반대로 방해가 되는지 생각해보아야 한다.

《젊은 GOOGLER의 편지》로 유명한 김태원 작가. 그는 모 방송에서 교장들만 모인 자리에서 했던 강의 내용을 이야기해주었다. 세상이 아무리 창의적 인재육성을 외치고, 학교에서 교훈으로 '창의성'을 강조해도 학교에선 사법고시를 합격하면 바로 플랜카드를 걸어주고 창의력으로 무장한 벤처기업을 차리면 관심도 없는 게 우리나라 교육 현실이라고 꼬집었다.

슬프지만 김태원 작가 말이 사실이라는 걸 지인을 통해 알게 되었다. 밑바닥에서 한발 한발 올라온 스토리를 담아 유명강사 된 지인이 있다. 베스트셀러도 펴내고 국내 내로라하는 기업체에서 불러주는 인기 강사다. 모임에서 그는 모교 특강을 갔다 온 후 교육 현장 이야기를 해주었다.

모교에서 '선배와의 만남'을 위해 한 학년 10개 반 10명의 선배 멘토에게 특강을 요청했다. 지인은 자랑스럽게 모교 강의를 나가서 우리나라 교육 현실을 보게 된다. 거기 모인 성공한 멘토 선배 중 지인과 국내 최고 로펌회사에 다니는 변호사 빼고 8명 모두가 공직자였다는 것이다. 공무원 역시 사명감을 가져야 하는, 아무나 될 수 없는 훌륭한 직업이다. 또한 청소년들의 희망직업 중 상위권에 속한 직업이기도 하다. 하지만 세상에는 수만 가지 직업이 있고 '기업가 정신'과 '창의력'을 강조하는 세상에서 학생들에게 어떤 직업을 강조하는지 알 수 있다. 학생들은 자신이 원하는 직업보다 세상이 원하고 대접받는 직업이 무엇인지 '선배와의 만남'을 통해 배웠을 것이라 지인은 씁쓸하게 웃었다.

우리는 보이는 것만큼 보고, 알고 있는 것만큼 깨닫게 된다. 우물에서만 살면 우물 밖으로 보이는 하늘이 전부인 셈이다. 우물 안 좁은 시야를 깰 수 있는 방법은 시간과 비용에 손해가 크더라도 우물 밖을 나가 직접 경험하는 것이다. 시간과 비용을 감당하지 못하면 교육을 통해서라도 우물을 깨야 한다.

우물 밖을 나가지 않더라도 그 밖을 볼 수 있도록 하는 큰 힘을 가진 게 교육이다. 하지만 과거나 지금이나 통치자들에게 주요한 통치수단도 교육이다. 교육이 만든 생각들은 나에게 집중하는 데 큰 방해가 될 수 있다는 점을 명심하자. 교육이 정답이라 외치는 것에 한번쯤 의심의 눈초리를 보낼 필요가 있다는 뜻이다.

서구 근대적 공교육이 프러시아 시대의 교육 시스템이라는 사실은 널리 알려진 내용이다. 이는 전쟁 수행에서 맹목적으로 충성할 군인을 만들고 공장에서 불합리한 조건에 묵묵히 일할 공장근로자 양성을 목적에 둔 것이다. 미국의 학교 역시 철저히 자본주의 정신으로 무장한 엘리트를 양성하는 사립학교와 그 반대인 공립학교로 나누어진다. 사립과 공립의 교육과정은 철저히 다르고 사회 진출 역시 다르다.

우리나라는 프러시아 교육 시스템과 천황에게 복종하는 사람을 길러내기 위한 일제 강점기 교육 시스템이 복잡하게 연결되어 공교육이 시작되었다. 이는 훗날 독재정권의 철저한 반공교육과 군사교육의 전초기지가 되었다. 즉 공교육의 시작은 통치의 편리를 위해 탄생했고 정권의 입맛 따라 변화되었다. 물론 과거에 비해 많이 좋아졌다 하지만 학교에서 인히는 성공 또는 인재상의 모습은 아직도 획일적이다.

수능 시험이 끝나면 가슴 아픈 뉴스가 전국에 퍼진다. 수능이 끝나고 자살한 학생 소식이 다. 성적이 목숨보다 앞서는 상황이다. 수능이 인생에 전부가 아님에도 성적을 비관해 극단적인 선택으로 삶을 마감한다. 정신력에 대한 개인적인 차이는 있겠지만 학교에서 획일적으로 대학 진학의 중요성을 얼마나 강조했기에 자살까지 할까라는 생각이 든다. 이것이 교육의 현실이다.

나는 교육이나 공교육을 결코 부정할 생각은 없다. 사람답게 사는 데 있어 교육은 꼭 필요한 존재이며 교육이 없었다면 이렇게 좋은 문명도 없었을 것이다. 교육은 인간답게 살게 하는 최소한의 장치이며 자신의 능력을 찾고 극대화하며 사회구성원으로서 질서 있게 살게 해주는 고마운 존재다.

나만 생각하고 나의 편리만 생각하는 이기주의는 분명 잘못된 생각이다. 하지만 조화를 앞세워 무조건적인 복종을 강요하고 개인 희생을 당연히 여기는 교육을 받았다면 그건 의심을 해야 한다.

⌐ TIP

각자에게 맞는 직업과 모습이 있다. 교육은 각자에게 맞는 성공 모습을 찾아주는 데 한계가 있다. 개개인의 능력은 너무 다양하고 복잡하기 때문이다. 교육을 받았거나 받고 있는 중이라면 획일적인 성공상이 자신에게 맞는지 의심해보라는 말이다. 교육이 강요했던 획일적인 모습을 던진다면 자신을 만날 수 있다.

기업하기 좋은 나라,
직장인은 사축(社畜)

· · · '너 아니어도 일할 사람 많아.'

회사의 불합리한 상황을 바꾸려는 지인이 대표에게 들었던 말이다. 고용주 입장에서 대체할 사람이 많다는 건 좋은 일이다. 하지만 반대로 일하는 사람 입장에선 언제든지 대체될 수 있다는 불안에 시달려야 한다. 무언가 바꾸려 해도 대체할 사람이 많다고 말해버리면 개선의 여지는 없어진다. 회사를 나가든가, 불합리를 참고 일할 뿐이다.

저성장이 지속되고 컴퓨터와 기계가 사람 일자리를 대체하면서 실업은 전 세계적인 문제로 대두되었다. 우리나라뿐만 아니라 선진국이라 자부하는 다른 나라 역시 젊은이들의 일자리 때문에 정치인들은 골치가 아프다. 정부가 나선다 해도 공공부문 일자리 창출은 한계가 있다.

시대가 변해도 일자리는 대부분 기업이 만든다. 정부가 기업을 좌지우

지할 수 있는 독재정치가 되지 않는 이상 기업에게 강제고용을 법제화할 수 없다. 기업은 철저히 효율로 움직이는 조직이고 이윤창출에 도움이 되지 않으면 고용할 이유가 없기 때문이다. 정부는 단지 기업에게 협조를 요청할 수밖에 없다. 고용시장이 어렵다는 건 기업도 어렵다는 것이다.

KTX를 타고 이동을 하면 지역을 홍보하는 광고를 많이 본다. 지역 유명 관광지 광고와 더불어 꼭 빼놓지 않는 홍보 문구가 있다. 바로 '기업하기 좋은 지역'이라는 문구다. 우리나라 모든 지역이 기업하기 좋은 지역을 만들기 위해 역량을 집중하고 있는 것 같다. 정부 역시 우리나라를 기업하기 좋은 나라로 세계 곳곳에 홍보 중이다. 기업하기 좋은 나라를 반대로 생각하면 근로자들은 힘든 나라다. 기업하기 좋기 위해선 노동유연화가 필수이기 때문이다. 계약이 아닌 일방적인 통보로 해고할 수 있어야 기업하기 좋은 나라가 된다.

직업은 우리에게 많은 영향력을 행사한다. 직업이 있기에 가장 먼저 생계를 해결할 수 있다. 고상한 꿈과 목표를 가지고 있어도 생계를 해결할 수 없으면 소용없다. 또한 직업이 있기에 우리가 생각하는 모습을 실현시킬 수 있다. 즉 자아실현이 된다는 말이다.

기업하기 좋은 나라를 만들기 위해 노동시장이 유연화 된다면 생계와 자아실현을 돕는 직업은 항상 위태로울 수밖에 없다. 고용이 위태로우면 자신에 집중하기보다 고용한 기업에 더욱 집중한다. 즉 해고당하지 않으려면 직업 자체보다 기업에게만 집중해야 한다. 그리고 개인은 철저히 묵살

되고 기업이 요구하는 모습으로 자신을 디자인해나갈 수밖에 없다.

얼마 전 직장인들 사이에 사축(社畜)이란 단어가 유행했었다. 이 말은 일본 직장인들이 자신을 회사에서 길러지는 '회사의 가축'이라며 자조적인 표현으로 사축이란 말을 쓰며 시작됐다. 그리고 국내 페이스북에 사축 페이지가 생겨 인기를 끌었고, 싱어송라이터이자 시인인 강백수 씨가 그림과 짧은 글이 담긴 《사축일기》를 펴내며 대중들에게 알려졌다.

기업하기 좋은 나라지만 그 안에 있는 직장인들은 힘들어 사축이란 단어를 사용하고 있다. 사축이란 단어를 스스럼없이 말하는 직장인들은 자신을 돌볼 틈도 없이 정말 바쁘기만 하다. 일에 묻혀 자신을 진지하게 반성할 시간이 부족하다. 그래서 우울증을 호소하는 직장인이 늘어나고 근로 의욕이 완전히 소멸되는 '번아웃 증후군'이 나타난다.

나라의 존망이 걸린 문제라 생각하고 해결을 위해 고군분투 중인 출산율 문제만 보더라도 직장인들은 암묵적인 희생을 강요당하고 있다.

우리나라는 유급으로 여성육아휴직은 물론 남성육아휴직도 법으로 보장받고 있다. 기간은 OECD국가 중 1등을 자랑한다. 하지만 2014년 7만 3400명이 넘게 신청한 육아휴직 중 받아들여진 건 남성의 경우 3412명에 불과하다. 과거 2006년 230명에 비하면 분명 늘어난 숫자지만 육아부담을 공동으로 해결하자는 인식이 깔린 현대 부부에게는 서글픈 남녀 비율이다. 여성문화네트워크에서 8세 이하 자녀를 둔 남자 직장인 1000명을 대상으로 육아휴직을 어렵게 생각하는 이유에 대해 물었다. 1위는 직킹 분위기상 사용 어려움(48.1%)이 압도적으로 많았다. 2위는 직장에서 제도적으로 사용불가(24.9%)가 차지했다.

법적으로 명시하고 있지만 직장 내 분위기는 그렇지 않는 모양이다. 일에 능숙한 사람이 육아휴직을 사용하지 않고 정상근무를 하면 고용주 입장에선 좋은 일이지만 개인은 법으로 보장된 자신의 권리를 사용하지 못하고 있는 셈이다.

나에게 집중하는 일에 방해요소는 두 가지가 있다. 하나는 자신이고 다른 하나는 외부의 압력이다. 자신은 관점 또는 마음상태에 따라 조절이 쉽다. 하지만 외부의 압력은 조절할 수 있는 범위를 벗어난다.

특히 생계와 직결된 직장의 압력은 상당히 강한 위력을 발휘한다. 그리고 우리 삶 대부분이 직장과 연결되어 있다. 과거 오랫동안 공부한 것 역시 일하기 위해서이며, 그것을 실천하기 위해 직장을 다닌다. 또한 다음 날 출근을 위해 퇴근 후 휴식을 취하고 새로운 일이 시작될 한 주를 위해 주말을 보낸다. 어쩌면 우리는 일이라는 범주를 벗어날 수 없는 삶을 살 수 밖에 없다. 우리는 직장의 막강한 영향력과 직장이 주는 압력 때문에 자신을 돌아볼 틈이 없다. 그리고 자신이 누군지 잃어버리게 된다.

자기계발 관련 모임에서 만난 모 대학 교수님이 있다. 그는 국립대학에서 정교수로 25년간 재직했다. 전공이 트랜드에 민감한 분야가 아니라 변화의 물결하고 자신은 동떨어져 보인다고 한다. 주변 교수들도 똑같았고 조금만 튀는 행동을 하면 눈총을 받는다. 그렇게 자신의 그라운드에서 20년을 살았다. 시간이 흘러 5년 전 학교에서 LINK(산학협력) 사업단장으로 자리가 배정되었다. LINK 사업 특성상 외부 사람들과 접촉이 많은데 그동안 자신은 우물도 그렇게 좁은 우물에 살았다는 걸 느꼈다고 한다. 또한 자신은 생존이 어려운 거친 바깥세상과 괴리된 채 국립대학이라는 유리 창문을 통해 보호받고 있다는 걸 깨닫게 되었다고 한다. 100세 인생에서 정년퇴직하면 자신도 세상에 던져지게 될 거라는 자각에서 자기계발 모임을 찾아다닌다고 말했다.

지금은 정년퇴직을 대비해 취득한 자격증도 50개가 넘고 다양한 교육과정을 이수하며 전문 강사를 준비 중이다. 내가 볼 때는 전문 강사 조건을 모두 갖춰서 프리랜서 생활을 빨리 하면 좋겠다고 생각했지만 교수님은 밖에 나가는 게 여전히 두렵다는 솔직한 고백을 했고, 나는 설득하지 않았다. 그나마 외부세계를 정년퇴직 전 경험하고 현재 입장을 자각한 게 다행이라 생각된다.

TIP

서서히 데워지다 삶아져 죽는 개구리 이야기를 알 것이다. 데워지는 걸 자각했다면 벗어나려고 했을 것이다. 하지만 일에 치이고 회사에 치이면서 자각할 시간이 없다. 기업하기 좋은 나라를 만들려면 개인이 자신을 돌아볼 틈은 더욱 주지 않을 것이다. 앞으로 일자리 문제가 더욱 내두될수록 나에게 집중하기는 요원해진다. 점점 더 자신이 누구인지 모른 채 기업이 요구하는 모습으로 살아가는 사람이 많아질 것이다.

Focus on me

삶에 만족하는 것, 인간이면 누구나 기대하는 것.

24시간 노출된
팽배한 소비문화

••• 톱스타급 배우들이 열연한 드라마가 시청률이 폭락했다. 애초에 시청률이 낮았으면 상관없지만 높은 시청률에서 떨어져 언론에선 원인을 분석했다. 원인은 간접광고 때문이다. 젊은 주인공 남녀가 사람들 눈을 피해 성당에서 사랑을 확인한다. 아름다운 장면이 연출되는 가운데 남자 주인공이 뜬금없이 집을 구해주는 스마트폰 어플을 사용한다. 회사 이름이 크게 뜨고 남녀는 어플을 사용하며 즐거워한다. PPL이 드라마 내용과 개연성도 없고, 너무 노골적이다 보니 시청자들이 채널을 돌려버린 것이다.

10여 년 전부터 드라마나 영화에 PPL이 등장하기 시작했다. 처음에는 광고가 아닌 듯 광고하다 최근에는 노골적으로 제품을 등장시키고 홍보한다. 방송사 입장에는 광고로 제작비를 충당하기에 어쩔 수 없다 말하지만 시청자들은 안방에서 자신도 모르게 광고에 노출되어 살고 있다.

인터넷 포털 사이트에 〈사회 초년생을 위한 합리적인 자동차〉라는 기사를 본 적이 있다. 사회 초년생은 대학을 졸업한 사람을 말하며 나이는 대략 20대 중후반 사이일 것이다. 사진에는 젊은 남자 모델이 예쁜 여자를 태우고 운전하고 있다.

합리적이라는 차량은 최소 5000만 원을 호가하는 외제 차였다. 사회 초년생 월급을 생각하면 상당한 출혈을 각오하고 구입해야 할 차다. 장기간 할부를 한다 해도 유지비, 보험금을 생각하면 사회 초년생으로는 구매하기 힘들다. 그런데 무슨 근거인지 몰라도 버젓이 사회 초년생에게 합리적인 차라는 기사를 쓴다. 허영과 소비를 부추기는 기사인 것이다. 이런 기사를 포털사이트 메인에 당당히 올려주는 건 사용자가 클릭할수록 광고비가 늘어나기 때문이다.

우리는 눈만 뜨면 광고인 세상에 살고 있다. 한 발짝만 움직여도 광고에 노출되고 있다. 어떤 광고는 구매하지 않고는 못 베길 정도로 교모하게 소비자를 유혹한다. 그리고 지갑을 열게 한다.

소비가 미덕인 건 분명하다. 소비가 없다면 경제는 돌아가지 않기 때문이다. 문제는 소비만능주의에 빠지게 된다는 데 있다. 남 시선에 유독 민감한 우리나라 사람들은 소비를 통해 자신을 과시하고 싶은 욕망이 강하다. 또한 소비로 남들과 다른 나를 표현하고 싶어 한다. 그래서 명품이 다른 나라 가격에 비해 비싸도 없어서 못 팔 정도다.

10명이 있는 곳에 같은 가방을 9명이 가지고 있다면 나머지 한 명은 그룹에 끼지 못한다. 꼭 그룹에 들어갈 이유가 있다면 가방을 구매해야 하지만 이유가 없는데 단지 많은 사람이 가지고 있다는 이유만으로 구입하게끔 미디어들이 부추기고 있다.

케이블TV에는 많은 대부업체 광고들이 나온다. 대부업체도 우리 사회의 모습이라 받아들여야 하지만 경제관념이 부족한 아이에게까지 광고가 영향력을 행사하는 모양이다. 얼마 전 한 육아 사이트에 어느 엄마의 글이 올라왔다. 4살 아이가 동요가 아닌 모 대부업체 광고 노래를 부르고 있었던 것이다. 그것도 몇 개 대부업체 광고 노래를 부를 줄 안다는 것이다. 글을 본 엄마들은 비슷한 경험을 했다고 댓글을 했다. 가장 큰 걱정은 아이들이 대부업체를 친숙하게 느끼는 것이다.

이런 현상을 '기정사실의 힘' 또는 '에펠탑 효과'라 부른다. 지속적 주입을 통해 친해진다는 말이다. 케이블TV에 노출되어 자라온 세대가 어른이 되어 대부업체에 어떤 생각을 가질지 걱정이 앞선다.

곳곳에서 규제의 목소리가 나오고 있지만 케이블TV 역시 기업 논리로 광고주의 말을 따를 수밖에 없는 존재다. 광고료를 준다는데 거절할 이유가 없다는 뜻이다. 그 결과 아이들은 물론 일반인까지 대부업체에 친숙해지고 있다.

소비만능주의를 부추기는 것이 또 있다. 바로 SNS다. SNS가 일반화되면서 획일적인 소비가 양산되고 있다. 몇 개월 전 전국적으로 품귀현상까지 나타난 과자를 대표적인 케이스로 들 수 있다. 시작은 모 연예인이 맛있다고 자신의 SNS에 올리고 연예인을 따라 일반인들도 과자 사진을 올리며 확산되었다. 그러면서 마치 그 과자를 먹지 않으면 시대에 뒤떨어질 것 같은 분위기까지 연출되었다.

과자를 구하기 위해 근처 편의점 10개를 돌아다녔다는 글이 올라오고 1500원짜리 과자를 구매하기 위해 5000원 이상의 묶음과자를 사야 하는 현상도 벌어졌다. 없어서 못 파는 형국이었다. 유행에 처지지 않기 위해 너도나도 구매해 인증샷을 SNS에 올리고 맛에 대한 평가를 올렸다. 소비자가 알아서 광고를 만들고 구매해 기업은 큰 이익을 취한 것이다.

판매하는 회사 입장에서 열풍이 부는 건 좋은 일이다. 물건이 잘 팔리기 때문이다. 그래서 다양한 방법을 동원해 광고를 한다. 어느 건 광고인지 모를 때도 많다. 그만큼 교묘하다는 말이다. 인터넷의 발전으로 특정 정보를 구하는 건 쉬워졌다. 클릭 몇 번이면 원하는 정보를 얻을 수 있다. 이런 점을 활용해 기업에선 마케팅을 한다.

얼마 전 블로그를 통해 홍보하는 회사가 벌금을 맞았다. 제품을 마치 실제 고객들이 구매해 사용한 것처럼 블로그를 조작해 홍보한 것이다. 많은 고객들이 검색을 통해 제품을 구매하는데 파워블로거들이 기업에게 제품과 돈을 받고 올린 글이 소비자의 구매로 이어졌다. 이런 현상을 방지하기 위해 지금은 블로그에 제품을 후원받고 올린 글임을 명시하고 있다. 어길 시 벌금을 받을 수 있다.

요즘은 광고홍수를 넘어 눈과 귀가 사방천지 광고에 노출되고 있다. 그리고 그것을 구입해 소유하지 않으면 죄인처럼 여겨질 때도 있다. 광고들은 사람의 불안심리를 적극적으로 조장하고 있다. 때에 따라 아름다운 미사여구도 넣고 아니면 조롱으로도 광고를 만든다. 그런 상황에서 우리는 자신을 더욱 돌보지 못하고 있다. 광고가 만든 걸 따라 하기도 바쁘기 때문이다.

소비자들이 똑똑해지면 광고는 더욱 똑똑해진다. 광고는 트렌드를 주도하고 항상 소비자를 연구한다. 이런 상황에서 나를 지키기 위해서는 우선 무언가 열풍이 불 때 그것을 객관적으로 볼 줄 알아야 한다. 본질이 무엇이며 왜 열풍인지 말이다. 경제를 위해 소비는 필요하다. 하지만 소비가 과시가 되면 안 된다. 열풍이 과시가 아닌지 판단하자.

특히 24시간 노출된 미디어 광고들 사이에서 자신의 지갑과 정신 그리고 자아를 지킬 줄 알아야 한다. 미디어에 열풍으로부터 한 발짝만 물러나 있어라.

우리나라는 한때 펀드 열풍이 분 적이 있다. 열풍을 타고 모 펀드회사가 독점에 가깝게 우리나라 펀드 투자금 40%를 운용한 적도 있다. 이 회사 대표에게 '샐러리맨 목숨을 쥔 자'라는 이름이 따라왔다.

펀드 열풍이 한창일 때는 일요일 저녁 황금시간대 TV에서 연예인들의 재테크 방법을 소개하며 방송 끝자락에 최고 수입을 낸 펀드 상품을 소개하기까지 했다. 당시 기억으로는 '400% 수입' 같은 자극적인 문구들이 나열되었고 입담 좋은 펀드 전문가가 출연해 적극 펀드를 추천했다. 마치 그 펀드를 사면 누구나 부자가 될 것 같은 사회적 분위기였고, 열풍이었다. 또한 곳곳에서 '카더라' 통신이 넘쳐났다. 펀드 투자가 최절정일 무렵 정말 놀랍게도 미국발 금융위기 '서브프라임 모기지' 사태가 터졌다. 펀드들은 순식간에 반 토막이 났고 기다리지 못한 개인은 더 떨어지기 전에 팔아야 했다.

당시 직장인은 물론, 대학생, 심지어 미성년자까지 펀드에 들었는데 단 1년 만에 열풍은 사라지고 본전을 찾으면 다행인 상태가 초래되었다. 당시 방송에 나와 '400% 수익'을 외치던 펀드 전문가는 1년 후를 예상했는지 궁금하다. 그걸 알았을 정도의 선견지명이면 펀드회사 직원이 아닌 개인투자가를 하지 않았을까 생각하기도 한다.

미디어 열풍이란 참으로 무섭다는 걸 느낀다. 많은 사람들을 가입하게 만들었으나 펀드가 반 토막 났다 해도 그 누구도 책임지지 않는다. 미디어를 믿은 개인만 억울할 뿐이다.

TIP

우리는 24시간 미디어에 노출되어 있다. 벗어날 수 없는 형국이다. 벗어날 수 없으니 스스로 지킬 방법을 찾자. 스스로를 지킨다면 시야를 가리는 많은 상황에서 자신에게 더욱 집중할 수 있을 것이다.

비교를
권장하는 사회

· · · 마을에 젊은 청년 셋이 내기를 했다. 최고의 도력을 가지고 있다 자부하는 도인을 산 아래로 내려오게 하면 이기는 내기였다. 첫 번째 청년은 마을 아래 도인을 위해 산해진미가 가득한 음식을 준비했다. 그러나 이 사실을 들은 도인은 눈길 한 번 주지 않았다. 두 번째 청년은 마을 안에 도인을 기다리는 미인들이 많다고 말했지만 역시나 도인은 관심조차 주지 않았다. 영특했던 세 번째 청년이 도인을 찾아가자 도인은 벌떡 일어나 마을 아래도 달려 내려갔다. 두 친구가 어떻게 도인을 내려오게 했는지 묻자 세 번째 청년은 담담히 답했다.

" '지금 마을 아래 당신보다 더 도력이 깊은 도인이 있네요.' 말하자 '내 당장 그놈을 만나야겠다.' 며 일어나 내려가더라."

타인에게 지기 싫어하는 사람의 심리를 나타낸 우화이다. 인간이 타인과의 비교에 얼마나 잘 흔들리는지 잘 알려주는 이야기이기도 하다.

결혼하지 않고 혼자 살려는 사람이 많아지자 정부가 나서서 맞선자리를 주선하겠다고 선언했다. 후속 작업으로 미혼 남녀를 15등급으로 나누었는데 부모님 직업, 자산, 학벌, 회사 업종 등 종합적으로 나눈 자료를 발표했다.

15등급의 내용이 인터넷에 퍼지자 네티즌들은 반발했다. "정부가 나서서 사람을 비교한다."는 내용과 "우리가 한우냐 등급으로 나누게." 등 부정적인 여론이 앞섰다. 이에 정부는 맞선의 편리성을 위해 등급을 나누었다고 답했지만 네티즌 반발이 더욱 심해지자 15등급 내용은 인터넷에서 사라졌다.

민간 기업이 수익 창출과 편리를 위해 등급을 나누는 건 어쩔 수 없는 선택이라지만 공정한 사회를 외치는 정부가 자발적으로 등급을 나누고 사람을 비교하는 건 분명 문제가 있는 일이었다.

사실 우리는 학교에 입학하는 순간부터 비교당한다. 학창시절부터 시험 성적에 따라 줄을 세우고, 대학도 서열이 있고, 회사도 업종과 업태 따라 비교하고, 결혼도 등급을 정해 상대방을 만날 수 있다. 그 후 자녀 성적, 자녀 대학 등 비교는 끊임없이 이어진다.

우리는 비교를 통해 자신이 타인보다 우월하다면 행복감을 느끼고 그렇지 못하면 패거리를 만들어 우월한 사람을 공격하거나 자조한다. 아니면 SNS에 거짓 우월함을 표현하기도 한다. 세상이 아무리 'Only One'이 되어라 외쳐도 실상은 'No 1'을 대우하고 인정해주니 모두가 타인과 자신을 비교하며 살아간다.

얼마 전 화제가 되었던 이슈가 있다. 바로 중산층 기준에 관한 이슈였다. 한국 사람과 외국 사람이 생각하는 중산층의 기준은 극명하게 다르다는 사실을 알 수 있다.

| 중산층 기준 |

한국: 부채 없는 30평 이상 아파트를 소유할 것, 월 급여가 500만 원 이상, 2000CC 중형차 소유, 예금액 잔고 1억 이상, 1년에 한 차례 해외 여행 다닐 것.

프랑스: 외국어를 하나 이상 구현, 직접 할 수 있는 스포츠가 있을 것, 공공의 분노에 의연하게 참여할 것, 약자를 위해 꾸준히 봉사활동을 할 것.

한국의 중산층 기준은 철저히 경제적 상황에 집중되어 있다 보니 중산층인지 아닌지 수치로써 쉽게 판단할 수 있다. 어떻게 보면 프랑스 중산층 기준은 모호하며 답답해 보이기도 하다.

우리는 숫자로 나누고 비교하는 것에 익숙해졌는지 모르겠다. 숫자로 정확히 비교하는 순간 No 1은 탄생하고 나머지는 비교에서 늘 질 수밖에 없다. 이는 불행의 시작이다.

시간이 갈수록 비교문화를 적극적으로 권장하는 분위기다. 최근에는 숫자로 비교할 수 없는 영역까지 비교의 잣대를 들이대기 시작했다. 그 첫 번째가 외모 비교다. 개그 프로그램을 보면 개그 고유영역 중 하나인 정치 풍자나 사회비판은 없고 외모비하 개그만 넘쳐나고 있다. 살찐 사람을 놀리고 스스로 조롱거리가 되기도 한다. 또한 예쁜 개그우먼, 못생긴 개그우먼이 나와 남자에게 차별대우받는 상황을 개그로 풀어낸다. 놀림 받기 싫으면 잘생기거나 예뻐야 된다는 생각마저 든다.

외모에 대한 조롱 분위기는 점점 심각해진다. 지금 가장 붐비는 지하철역에는 성형 광고가 난무하고 광고 문구 역시 비교를 심하게 한다. 예뻐지고 싶은 건 당연한 욕망이지만 자신의 아름다움을 찾는 게 아닌 타인과 비교로 찾게끔 하는 분위기는 문제다. 과거 1970년대 "억울하면 출세하라"가 2000년대에 들어와 "억울하면 성형하라"로 변화된 것 같다.

외모는 숫자로 비교할 수 없는 분야다. 하지만 사회는 비교를 하게끔 만들고 낙오자에겐 조롱이 이어진다. 마치 그런 사람을 구제해주겠다는 듯한 성형 광고가 난무하고 있다. 이런 사회를 거부해도 주변에서 비교, 조롱, 권유가 이어진다. 자신을 지키고 나에게 집중하기는 더욱 힘들어지고 있다.

대기업에 다니는 지인 L은 SNS에 자신에 대해 많은 걸 올린다. 애인과 함께한 여행 사진은 물론 맛집 사진, 쇼핑 목록, 자기계발 내용 등 열심히 올린다. SNS 안에 그녀는 참으로 행복해 보였다. 얼마 전 L을 만났는데 그녀가 처음 하는 소리가 "힘들다."였다. 그녀는 SNS 상의 모습과 다른 이야기를 해주었다. 애인과 불화, 모이지 않는 돈, 불안한 직장생활 등 고민거리를 쏟아내는 것이다.

L에게 SNS는 타인과 자신의 삶을 비교했을 때 행복해 보여야 하는 의무적 공간 같다는 느낌을 받았다. 남들보다 행복하게 살아야 한다는 비교에서 지기 싫은 것이다. 이렇듯 남들과의 비교에 주안점을 두어 SNS에 허영

심 가득한 거짓 삶을 올리는 사람은 비단 S만이 아니다.

어쩌면 비교에 익숙한 우리의 단면이 아닐까 생각한다. 행복은 지극히 주관적인 것인데 그것을 객관적으로 수치화하여 남들보다 더 행복한 모습을 보여야 한다는 의무 말이다. 비교가 이런 거짓된 삶을 만들어내고 있다.

겉으로는 자신의 고유성을 찾으라고 말하지만 사회 곳곳의 실상은 비교를 권장하고 있다. 또한 SNS에는 비교를 통한 행복을 표현해야 하는 의무 아닌 의무가 팽배하다. 거기에 끼지 못할 땐 혼자만 바보처럼 사는 것 같은 생각도 들 때가 있다.

TIP

행복은 누구도 아닌 나를 위한 것이다. 그리고 내가 행복해야 타인의 행복도 인정할 수 있는 것이다. 비교를 통한 강제적 행복 표현은 사람을 지치게 만든다. 비교문화가 팽배한 이때 타인과 나를 비교하지 말고 어제의 자신과 비교하며 나에게 집중하자.

눈앞에 도래한
각자도생(各自圖生)의 시대

··· 1620년. 희망을 품은 청교도 149명이 메이플라워호를 타고 아메리카 대륙에 상륙한다. 큰 꿈을 품은 그들은 부정부패가 없고 왕권통치로 핍박받지 않는 새로운 세계를 건설해나간다. 그 후 유럽에서 금 채취로 아메리카 드림을 꿈꾸는 사람들이 대거 이주한다. 이주로 인구가 늘고 금 수요가 늘어나자 미개척지 서부를 향해 눈을 돌린다. 이때 미국 정부가 강조한 것이 바로 '개척정신'이다. 이 개척정신은 2차 세계대전 이후 미국을 초강대국으로 만드는 데 가장 큰 정신적 모토가 되었다.

미국이 다른 나라보다 개척정신을 강조했던 이유 중 하나가 미국 정부의 역할에 한계가 있었기 때문이다. 유럽은 왕권통치와 귀족의 부정부패가 있었지만 정부가 기본적인 역할은 수행하고 있었다. 즉 국민의 생명 보호라는 정부의 기본 역할을 하고 있었던 것이다. 미국은 넓은 땅 곳곳에 분포한 개인의 생명을 보호해줄 수 없었다. 하지만 땅은 개척해야 했다. 이 문제를 해결하기 위해 미국은 개척정신을 강조했다.

개척정신은 개인에게 기회인 동시에 위험이었다. '골드러시'를 대변하는 많은 사람들이 정부 보호 없이 미국 서부를 개척했다. 이때 개척정신 말고 또 다른 정신이 강조되었다. 바로 'Self-help' 정신이다. 의료나 복지 문제를 정부에서 해결해줄 수 없으니 스스로 구제한다는 정신으로 각자 구원의 길을 가라는 뜻이다. 즉 각자도생(各自圖生)의 정신이다.

지금 유럽과 미국의 복지정책이 다른 이유도 이런 뿌리를 기반에 두고 있다. 그리고 각자도생에 승리한 사람이 철저히 승자독식구조로 부와 명예를 가져간다. 미국의 철저한 개인주의 역시 이런 뿌리가 있다.

1900년대 미국은 경제발전과 함께 많은 영업인들을 양성해야 했다. 넓은 땅에서 영업인들은 골드러시처럼 개척정신과 각자도생 정신으로 영업을 했다. 이들은 많은 부와 명예를 거머쥐었다. 이때 대중에게 알려진 스타 영업인들이 탄생하기 시작했는데. 그 첫 발은 우리에게는 '자기계발' 개발자로 알려진 데일 카네기다.

그 후 많은 스타 영업인들이 탄생하며 영업사원들에게 했던 수많은 교육이 '자기계발'이란 이름으로 변화되었다. 그전까지 없었던 인간관계의 기술이 탄생했고, 수사학을 넘어 철저히 실용으로 무장한 설득 스피치가 탄생하게 되었다.

지금은 《목표, 그 성취의 기술》로 유명한 브라이언 트레이시. 《내 안에 잠든 거인을 깨워라》로 유명한 앤서니 라빈스 같은 저술가, 자기계발 강사들이 활약 중이다. 그들 역시 한때는 영업인이었다. 지금 횡행하는 자기계발의 뿌리는 미국의 개척정신과 각자도생 정신, 그리고 영업인들이 만들어 낸 것이다. 이런 미국식 자기계발이 현재 한국의 자기계발 관련 상품의 뿌리라는 점을 기억해야 한다.

개척정신이나 각자도생은 정부의 책임이라는 명제가 따라다닌다. 정부가 국민의 기본권을 책임 못 질 때 개척정신과 각자도생으로 살 길을 모색한다. 이런 구조에서 승리한 개인은 많은 혜택을 누리지만 그렇지 못한 개인은 손 내밀 곳이 정부밖에 없어진다. 이때 정부는 혜택을 누리지 못한 개인을 보호하고 구제하며 교육해야 하지만 이 역할을 하지 못할 때 사회는 개척정신과 각자도생 정신을 더욱 강조한다. 일정 부분 정부가 해야 할 일을 개인에게 전가하는 것으로 보면 된다.

2015년 여름 우리나라를 강타한 최대 이슈는 '메르스'였다. 그리고 언론에 자주 등장했던 용어가 '각자도생'이었다. 국내에 판매하지 않는 낙타 고기나 낙타 우유를 먹지 말라는 포스터를 시작으로 컨트롤 타워 부재, 중앙정부와 지방정부의 불협화음, 예방 지식 부재로 국민들은 불안에 떨어야 했고 경제심리는 바닥으로 추락했다. 그리고 언론에선 연일 각자도생을 이야기했는데 전염병을 관리해야 하는 정부가 제 역할을 하지 못하니 각자 살 길을 찾아야 한다는 뜻으로 보도했다. 메르스에 대응하는 정부의 태도로 인해 우리는 갑자기 각자도생의 길을 가게 되었다.

개인이 펼칠 수 있는 힘은 언제나 한계가 있다. 그래서 개인이 모여 사회를 만들고 정부를 만든다. 사회적 계약으로 리더가 탄생하고 법률을 만들고 치안과 국방 외에 많은 일들을 정부에 맡기게 된다. 정부가 역할을 잘하면 개인은 정부와 약속된 역할에만 충실하면 된다. 하지만 정부가 제대로 일하지 못하면 개인은 각자도생의 길로 나가야 한다.

메르스 사태를 보면 각자도생의 길이 갑자기 확 열린 것 같지만 사실 우리는 오래전부터 각자도생의 길을 가고 있었다. 각자도생이 열리면서 관련 상품들을 통해 자신과 조우하기는 더욱 힘들어지고 있다.

1997년 우리나라는 유례없는 IMF 시대를 겪어야 했다. 3저(저물가, 저금리, 저유가) 현상으로 영원할 것 같은 호황이 끝나고 빨리 터뜨린 샴페인의 대가를 치른다. 대량실업이 발생하고 IMF의 가혹한 구조조정 지시를 받는다. 이때 출판시장에는 본격적으로 자기계발 장르 책들이 쏟아져 나왔다. 그리고 자기계발 강사 역시 TV에 출연해 인기를 누렸다.

이 시기 각자 삶의 패턴을 무시한 아침형 인간 열풍이 불었고, 개인이 심사숙고해 만든 목표보다 세상이 원하는 성공을 강조하는 자기계발 이론이 50대부터 10대까지 프로세스에 맞게 탄생되었다. 자기계발론처럼 살지 않으면 안 될 것 같은 분위기가 만들어지고 본격적인 각자도생의 시대가 열린 것이다.

자기계발 유행과 각자도생은 절대 부정적인 일이 아니다. 개인의 능력 개발과 긴장을 유지하는 건강한 사회를 만드는 데 절대적인 역할을 하고 있다. 또한 자기계발은 교육 분야에 한 축을 차지하며 평생교육 시대를 열었다.

자기계발을 통한 각자도생은 긍정적인 역할을 하고 있지만 두 가지 문제가 존재한다.

첫 번째, 모두가 똑같은 성공의 그림을 그리게 한다.

개인의 신체 리듬과 상관없이 무조건 아침에 일찍 일어나야 한다고 강요하고, 상황에 상관없이 생산적인 활동을 하지 않으면 게으름피우고 있다 인식되며, 철저히 금전으로 성공을 평가하는 모습을 볼 수 있다. 성공의 모습은 각자 다 다른데 자기계발 속의 성공은 획일적인 부분도 많다. 최근에는 힐링이 유행하며 획일적인 성공 모습을 강조하지 않지만 여전히 개인 성향을 무시한, 똑같은 성공의 틀을 벗어나지 못하고 있다. 나에게 집중할 때 획일적인 모습을 강조하는 자기계발이 이야기하는 성공의 모습을 잠시 내려두자.

두 번째, 정부 역할을 회피시키는 명분을 만든다.

고용불안의 원인은 개인에게도 있지만 제도적인 문제점도 분명 있다. 각자도생을 강조하다 보면 제도적인 문제는 관심 밖으로 밀려난다. 정부가 역할을 하지 못하는 일을 개인의 문제로 전가할 수 있다는 점이다.

TIP

각자도생이란 단어가 나온다는 사실은 그만큼 개인이 의지할 곳이 없다는 뜻이다. 씁쓸한 우리 사회의 한 단면이다. 또한 각자도생이 만들어낸 상품들 속에 나를 찾지 못하는 일이 발생한다. 자기계발과 각자도생이 강조하는 성공적인 삶의 모습이 있다. 그런 삶이 나에 맞는지부터 생각해보자. 간별직인 의심과 의분은 진정한 나를 만나는 데 도움이 된다. 눈앞에 도래한 각자도생의 시대에 나를 보호할 필요가 있다.

FOCUS ON ME

사색이 있으면 반성도 있고 발전도 있다.

검색은 있어도
사색은 없다

· · · 1996년 많은 학생들에게 희망을 준 《공부가 가장 쉬웠어요》의 저자 장승수 변호사. 막노동꾼의 삶에서 서울대 수석합격까지 이룬 그의 스토리는 희망 그 자체였다. 시간이 흘러 그를 인터뷰한 기사를 본 적이 있다. 인터뷰에서는 지금과 같이 위로 올라갈 수 있는 사다리가 줄어든 상황에서 장승수 변호사 같은 삶이 가능할지 물었다. 장승수 변호사는 단호하게 "지금이 내가 공부할 때보다 더 좋은 환경"이라고 말했다. 이유는 인터넷 때문이라고 설명한다. 과거에는 영어 공부 하나 하려고 해도 꼭 학원을 다녀야 했고 어떤 교재가 좋은지 일일이 찾아다녀야 했지만 지금은 인터넷이 정보를 주는 건 물론 동영상 강의도 있으니 공부할 수 있는 환경은 확실히 좋아졌다고 말했다.

인터넷이 우리에게 주는 혜택을 설명하라면 정말 많을 것이다. 교육 한 분야만 생각해도 장승수 변호사 말처럼 학습 정보를 쉽게 구할 수 있고 명강사라 불리는 사람들의 강의도 공짜로 들을 수 있으며 시공간을 초월해 언제 어디서든 학습할 수 있는 세상이다. 초중고, 대학까지 모든 과정을 인터넷으로 학습해 졸업장을 딸 수도 있다.

와이파이만 된다면 이메일을 통해 지구 반대편 사람과 이야기할 수 있으며 필요한 모든 정보는 검색을 통해 구할 수 있는 세상이다. 검색이면 모든 걸 구하는 게 가능해지고 있다. 그리고 속도 또한 상상을 초월해 빨라지고 있다. 하지만 검색 이후에 필요한 사색은 점점 줄어드는 것 같다. 검색을 통해 찾으면 되는데 무엇 하러 생각하고 고민하며 사는가 말이다.

학습(學習)은 두 가지 뜻이 조합되어 만들어진 단어다. 배운다는 학(學)과 그것을 익힌다는 뜻의 습(習)의 조합이다. 아무리 많은 지식을 배워 머리에 집어넣는다 해도 익히지 않으면 소용이 없다. 즉 자기 것으로 만들어야 한다. 과거에 비해 배우는 건 쉬워졌지만 그것을 익히고 체득화시키는 건 여전히 개인의 몫이다.

자기 것으로 체득화시키기 위해선 일정한 시간이 필요하지만 검색의 시대가 열리면서 쉽지 않은 문제가 되었다. 사람들 손에는 언제나 스마트폰이 있어 검색을 통해 재미가 넘쳐나는걸 찾게 되고 TV에선 우리가 보고 싶은 걸 언제든지 찾을 수 있다. '학'이 검색이라면 '습'은 사색이다. 검색에 앞도되어 사색은 사라지고 있는 시대다.

세상을 살아가는 데 문제가 없을 순 없다. 말단 회사 직원도 문제에 봉착하고 대기업 회장도 문제를 만난다. 문제는 우리 모두에게 그림자같이 따라붙는 존재지만 문제에 대응해나가는 사람의 태도는 천차만별이다. 또한 겉모습만 다를 뿐 같은 문제가 반복되어 나타나기도 한다. 그 이유는 반성이 없기 때문이다. 반성하지 않는 사람은 같은 문제가 터져도 왜 발생했는지 원인을 찾지 못한다. 반성은 사색으로 나오는데 검색을 통해 해결이 되니 사색을 하지 않으려 한다.

심리 전문가들은 종종 자신과 만나는 시간을 가지라고 말한다. 능숙한 사람은 쉽게 자신과 대화도 하고 자신에게 선물도 주며 여유도 준다. 이 모든 건 사색이 있어야 한다. 사색이 있다면 반성도 있고 발전도 있다.

자신과 만나는 걸 어려워하는 사람이 있다. 자신을 만나기가 부끄럽기도 하고 두렵기도 하다는 것이 이유다. 이 세상에 나를 잘 아는 건 자신이며 나의 모든 민낯을 볼 수 있고 모두 기억하는 것 역시 자신이다.

세상에서 빨리 친해질 수 있는 사람은 자신이며 가장 조우하기 힘든 사람 역시 자신이다. 그만큼 나를 만나는 건 쉽고도 어려운 일이다. 이런 이유로 많은 수불선사(修佛禪師)들의 첫 번째 화두가 "나는 누구인가"다.

사색이 있다면 자신을 만날 수 있고 배우거나 느낀 것을 익히며 반성하는 삶을 살 수 있다. 또한 사색의 힘으로 우리는 많은 걸 해낼 수 있다. 나에게 집중할 때 세상과 어느 정도 차단이 필요한 이유 역시 사색을 위해서다.

검색만 있고 사색이 없는 시대에 사색의 또 다른 역할이 있다. 김종원 작가의 《사색이 자본이다》란 책에는 사색의 중요성을 다음과 같이 강조하고 있다.

"사색가의 가장 큰 특징 중 하나는 세상이 정해놓은 그대로 세상을 바라보지 않는다는 사실이다. 그들은 모든 사물을 자신의 눈으로 바라보고 느낀 후, 자신의 언어로 정의한다. 때문에 그들에게 창조란 자신이 발견한 세상을 글이나 그림 혹은 음악의 형태를 빌려 그 틈 속으로 집어넣는 것을 의미한다. 중요한 것은 자신만의 눈으로 세상을 바라볼 줄 아는 능력이다. 그런 능력을 가진 사람만이 세상에 있는 모든 정보를 제대로 활용할 수 있다. 어떤 좋은 정보라 해도 원칙 없이 쌓기만 하면 쓰레기만 쌓인 산과 같다. 그저 정보를 쌓는 기계의 삶을 살고 싶지 않다면, 세상을 보는 데 그치지 말고 존재하지 않았던 것을 발견해내는 힘을 길러야 한다."

즉 검색을 통해 쏟아지는 정보를 걸러내고 내 것에 맞게 활용해주는 게 사색이다. 지금은 정보가 차고 넘치다 못해 버려지고 있는 세상이다. 사색을 하지 않는다면 필요 이상의 정보로 과부하가 걸린다. 삶이 번잡하면 자신과 만나기는 더욱 힘들어지며 그런 여유조차 허락되지 않는다. 사색을 통해 번잡한 것들을 걸러내야 한다.

걸러낸 정보들을 자신의 것으로 만들어야 진정으로 내 것이 되는 법이다. 이것 역시 사색을 통해 완성될 수 있다. 사색을 못하면 타인이 만들어놓은 정보의 홍수 속에 휩쓸려 살아갈 뿐이다. 마치 타인의 생각과 정보가 내 삶의 정답인 것처럼 말이다.

사색의 또 다른 힘은 창의성을 북돋워준다는 점이다. 과거 암기를 잘하는 사람이 혜택을 많이 봤지만 지금은 스마트폰만 있으면 지구 반대편 지식까지 끄집어낼 수 있다. 암기의 시대는 저물고 창의성의 시대가 오래전에 열렸다. 즉 암기보다 검색이 주는 지식을 바탕으로 창의력 있게 응용하는 게 자본이 되고 있다. 같은 현상을 보고도 창의성을 발휘해 상품화시켜 돈을 버는 경우는 흔하게 일어난다. 창의성을 길러주는 건 검색이 주는 지식이 아니라 사색이다.

최근 '콘텐츠 크리에이티브'라는 직업이 각광을 받고 있다. 문제는 고객들의 수준이 상당히 높아져 특별한 콘텐츠가 아니면 주목받지 못한다는 것이다. 검색을 통해 남의 것을 참조한다면 주목받을 수 없다. 기발하지 않은 무형의 자산에 고객은 지갑을 열지 않는다. 무형의 자산을 다루는 직업이 늘어나고 있는 만큼 관련 종사자들은 사색하는 법을 익혀야 한다. 사색은 곧 자본이 될 수 있기 때문이다.

TIP

검색은 편리한 존재지만 나를 잃어버리게 하는 강한 방해요소다. 모두가 바쁘고 속도에 치여 살고 있다. 이럴 때일수록 사색으로 자신이 어디로 가고 있는지 지치기 않고 힘을 배분하고 있는지 생각하자. 그리고 검색이 주는 지식을 넘어 우리 삶에 꼭 필요한 지혜를 펼쳐내자.

신비주의 자기계발에
현혹되지 말라

• • • 무언가 이루기 위해선 대가를 치러야 하는 게 당연하다. 시간과 비용은 기본이며 감정, 인간관계, 체력 등 이루고자 하는 목표에 따라 지불해야 하는 대가도 다양해진다. 예를 들어 의사란 직업도 높은 학자금부터 시작해 학점을 따기 위한 시간, 레지던트 기간, 의사 세계에 있는 복잡한 인간관계 등 엄청난 대가를 지불해야 달성할 수 있다. 하나라도 빼먹으면 의사란 직업을 얻을 수 없다. 대가 없이 의사란 꿈을 이룰 수 있다면 정말 좋겠지만 그런 경우는 존재하지 않는다. 의사가 사회적으로 존경받는 이유 중 하나는 어떤 직업보다 많은 대가를 치른 직업이기 때문이다. 존경은 대가에 대한 보상인 셈이다.

세상을 살다 보면 대가 없이 어쩌다 요행으로 무언가 성공시키는 경우가 생긴다. 딱 그만큼이며 정말 요행일 뿐이다. 요행은 잠시 스쳐지나가는 우연이고 잠깐의 행운이다. 모든 건 대가가 있어야 이룰 수 있다.

도전이 왔을 때 겁을 내는 사람은 도전을 겁내는 것이 아니라 대가를 겁내는 것이다. 대가 없이 목표를 이룰 수 있는 방법이 있다면 많은 대중을 현혹시킬 수 있는 강한 무기가 될 것이다.

2007년 지인에게 책을 한 권 선물 받았다. 호주의 방송작가 론다 번이 쓴 《시크릿》이란 책이다. 부제가 더 끌렸다. '수 세기 동안 단 1%만이 알았던 부와 성공의 비밀'로 당시 베스트셀러를 넘어 스테디셀러까지 된 책이었다.

이 책의 핵심은 유인력의 법칙으로 원하는 걸 간절히 끌어당기면 뭐든지 이룰 수 있도록 우주가 도와준다는 내용이다. 논리나 과학적으로 근거가 없지만 체험자들의 생생한 증언과 방법을 상세히 설명해주었다. 《시크릿》을 바탕으로 시크릿 관련 카페나 모임이 우후죽순처럼 생겼고 곳곳에서 시크릿을 경험했다는 체험담이 쏟아져 나왔다. 비슷한 시기 인터넷 파일 공유 사이트에 《시크릿》 관련 영화가 선풍적으로 인기를 끌었다.

간절히 원하면 우주가 도와준다는 내용에는 대가나 노력에 관련한 이야기는 없다. 의심하지 말고 사진이나 동영상으로 시각화하고, 끊임없이 상상하며, 간접체험한다면 이룰 수 있다는 설명이다.

처음 이 책을 접하고 속 편하게 살 수 있는 방법이라 생각했다. 모든 건 끌어당기면 되는데 무엇 하러 출근을 하고 무엇 하러 공부하며 무엇 하러 마트에 가서 물건 사고 요리를 할까 말이다. 다 상상하면 된다는데, 그것도 우주가 도와준다는데 말이다.

나는 끌어당김 법칙이나 《시크릿》을 부정하거나 깎아내리려는 마음은 없다. 단지 현상을 제대로 보자고 말하고 싶다. 2007년 끌어당김의 광풍 속에 나를 돌보고 상황을 개선하기 위해 대가를 치르는 것보다 우주가 도와주는 걸 믿고 상상만 하는 현상이 벌어진 건 한 번쯤 생각해볼 문제다.

끌어당김 법칙은 19세 미국에 신사상운동에서 탄생했으며 고대 브라만교 명상을 기원으로 두었다. 그리고 뉴에이지의 신지학, 영지주의 등 다양한 이론을 거치며 탄생한 것이다. 종교적 수련 방법의 하나인 셈이다. 하지만 우리나라에는 자기계발로 들어오면서 시크릿이 유행되었다. 시크릿 자체만으로 자기계발이 된 것처럼 말이다.

《노 시크릿》을 펴낸 이지성 작가. 그는 시크릿 내용대로 아이스크림 돼지바를 얻기 위해선 다음과 같은 순서로 해야 한다고 말했다.

"1. 나 자신을 자석. 그것도 우주에서 가장 강력한 자석이라고 가정한다. (…) 4. 돼지바에 대해서 자신이 어떤 감정을 느끼는지 인식하고 그 감정의 주파수를 찾는다. (…) 6. 만일 돼지바를 생각해서 기분이 나빠지거나 부정적인 감정이 느껴진다면, 우주에서 보내는 신호에 귀를 기울인다. 그리고 좋은 일을 생각한다. 또는 눈을 감아 주의를 산만하게 하는 것을 차단하고 내면의 감정에 집중한 다음 1분간 웃는다. 기분이 좋아져야 새로운 주파수가 생기고 우주가 그에 반응하기 때문이다. (…) 8. 돼지바를 이미 얻었다고 믿는다. 단 완벽하고 철저하게 믿어야 한다. 만일 그렇지 못하면 믿는 척해야 한다. 돼지바가 이미 내 손에 있는 척하는 것이다. 그러면 정말 이미 받았다고 믿기 시작하게 될 것이다. (…) 10. 돼지바를 받는다."

이지성 작가는 시크릿으로 돼지바를 한 개 얻으려면 굉장히 복잡하고 힘들지만 정작 돼지바를 얻기 위해선 단돈 700원만 있으면 된다고 말한다. 700원은 아이스크림을 먹기 위한 당연한 대가며 지불이라는 말이다.

이지성 작가의 베스트셀러 《꿈꾸는 다락방》에서는 시각화 기술 등을 설명한다. 이지성 작가는 시각화 기술이 필요한 건 꿈을 이루기 위해 노력할 때나 대가를 지불할 때 시각적 효과가 강한 동기 부여를 해주기 때문이라 말한다. 즉 행동, 노력이라는 대가는 당연히 치러야 하며 시각화 기술은 힘을 준다는 설명이다.

신비주의 자기계발은 대가나 노력을 말하지 않는다. 상상하고 의심하지 말고 끌어당기라고 말한다. 대가를 겁내거나 대가를 치를 여력이 없는 나약한 개인에게는 참으로 편리한 방법이다.

참으로 편리하고 답답한 마음을 속 시원하게 해줘서일까. 론다번의 《시크릿》은 여러 사람 마음을 사로잡았다. 여전히 많은 사람들이 대가나 노력을 치르기보다 우주에 간절히 원하면 이루어진다는 생각을 가지고 있다. 또한 뭐든지 이룰 수 있다는 생각에 사로잡혀 스스로를 객관화하기보다 과대평가하고 반성하는 시간과 힘을 줄인다.

끌어당김 법칙은 강한 성취동기를 준다. 그러니 이는 성취동기 하나로만 활용해야 한다. 그것이 전부인양 떠받치고 신봉하는 건 위험한 일이다. 그리고 개인차가 있지만 《시크릿》이 유행을 넘어 광풍이 된 것은 우리 사회의 취약점을 잘 나타낸 현상이다.

경제가 점점 어려워지면서 사람들은 점점 신비주의에 빠지고 어려운 일을 마다한 채 요행으로 해결하려는 모습을 보인다. 더 깊어지면 꿈을 향해 노력할 필요가 없다는 인식에 사로잡힐 수 있다. 그럼 자신을 돌아보기는 더욱 힘들어진다.

신비주의가 유행하는 원인을 찾아 그것을 제거해야 한다. 제거하지 않으면 개인의 건전한 노력보다 요행이나 불법이 난무하는 사회로 변화될 수 있다는 걸 알아야 한다.

AD 200년경 중국은 한나라 말기였다. 어린 황제를 업신여기는 간신들이 판을 치고 자연재해로 기근과 전염병이 창궐했다. 황제는 민심을 돌볼 수 없었다. 부패한 세상 때문에 벼슬에 오르지 못한 장각은 동굴에서 남화선인의 도움으로 《태평요술》이란 책을 얻고 수련을 통해 종교를 만든다. 모든 게 엉망인 한나라에 불만을 품은 농민들은 장각이 만든 종교를 믿기 시작했다. 훗날 이 종교가 정치화, 군사화 되어 한나라를 무너뜨리는 데 결정적인 영향을 미친다.

TIP

《시크릿》 같은 신비주의 광풍이 불고 있는 건 이유가 있다. 이유를 찾아 개선해야 하며 개인 역시 건전한 희망으로 자신에게 집중하는 시간을 통해 신비주의에 빠지지 않도록 해야 한다.

남이 만든 규정에서 벗어나자.

Focus on me

우리는 수저나
벌레가 아니다

··· "가난이 낮은 지위에 대한 전래의 물질적 형벌이라면, 무시와 외면은 속물적인 세상이 중요한 상징을 갖추지 못한 사람들에게 내리는 감정적 형벌이다."

소설가 알랭 드 보통의 말이다. 전 세계적으로 공식적인 계급이 존재하는 나라는 인도뿐이다. 지금 사람들은 소비를 통해 알랭 드 보통이 말하는 중요한 상징을 획득하다는 쪽으로 변화되었다. 이것을 '지위재' 또는 '신분재' 라 한다. 우리는 소비를 통해 신분이 갈리는 사회에 살고 있는 것은 아닐까. 신분을 통해 주어진 이름은 우리를 서글프게 한다.

2015년 빅데이터를 통해 인터넷에서 가장 많이 사용한 키워드를 선정했다. 1위가 '금수저, 흙수저' 였다. 금수저, 흙수저 등 수저론은 2030세대의 계층론을 말한다. 부모가 경제적으로 잘나가면 금수저, 부모가 경제적으로 어렵다면 흙수저다. 자신이 현재 어떤 계층 수저인지 알 수 있는 구체적인 자료도 인터넷에서 쉽게 찾아볼 수 있다.

금수저: 자산 20억 원 이상 또는 가구 연 소득 2억 이상

은수저: 자산 10억 원 이상 또는 가구 연 소득 8000만 원 이상

녹수저 & 플라스틱 수저: 자산 1억 원~5000만 원 가구 연 수입 5000만 원 이상

흙수저: 자산 5000만 원 이하 가구 연 수입 3000만 원 이하

처음 이 자료를 보고 씁쓸한 웃음이 나왔다. 2030세대의 자조적 목소리가 들렸기 때문이다. 즉 수저계층론을 인정하고 있다는 느낌이다. 2030세대가 4050세대보다 인터넷을 많이 한다. 빅데이터로 본 수저계층론은 2030세대들이 많이 쓰고 있는 용어인 셈이다. 만약 세상이 공정하고 계층이 없다고 인정한다면 수저계급을 부정하고 이 용어를 사용하지 않았을 것이다. 키워드 2위는 '헬 조선'이란 단어다. 헬은 영어로 'hell'(지옥)과 조선(朝鮮)의 합성어로 지옥 같은 우리나라 상황을 표현한다.

2030세대의 상황이 좋다면 인터넷에 자신을 수저로 표현하고 우리나라를 지옥으로 표현하지 않았을 것이다. 분명한 건 내가 동의하든 않든 2030세대 현실을 잘 표현했기 때문에 많은 사람이 사용하고 있다는 점이다.

인터넷을 강타한 또 다른 용어가 있다. 바로 벌레를 뜻하는 충(蟲)이란 용어다. 사람이나 모임에 충을 붙이는 것으로 시작하는데 '설명충(설명하려고 달려드는 사람)', '노력충(상황이 어떠하든 노력을 강조하는 사람)', '한남충(한국 남자벌레, 남성 비하 단어)', '맘충(극성인 엄마들, 모성 비하 단어), 등 남을 공격하

거나 비난하는 데에 사용하기 시작했다.

초등학교 시절 한번쯤 내 의지와 상관없이 붙여진 별명으로 놀림을 받아봤을 것이다. 재미로 웃을 수 있는 별명도 있고 극심한 스트레스를 주는 별명도 있다. 심지어 다음 학년에도 그 별명을 이어가는 친구도 있었다.

요즘은 자신을 수저로 표현하고 타인을 벌레로 만드는 일이 공공연히 발생하고 있다. 스스로 동의하지 않아도 세상이 그렇게 표현하고 있으니 암묵적으로 받아들이기도 한다. 분명한 건 우리는 수저나 벌레가 아니며 그것을 거부할 수 있는 존재다. 그럼에도 인터넷 데이터를 통해 보듯 이런 말들을 순순히 인정하고 있는 것 아닌지 씁쓸한 생각이 들 때가 있다.

사람은 규정짓는 걸 좋아한다. 그어진 줄 안과 밖 기준을 세우고 위, 아래 또는 좌우로 나눈다. 규정짓는 이유는 예측이 가능하기 때문이다. 하지만 규정지어버리면 규정 밖으로 나가기는 힘들어진다. 최근 수저계층론이나 벌레 표현이 횡행한다는 건 이러한 규정을 인정하고 있다는 뜻이다. 그만큼 사회가 각박해지고 힘들어지고 있다.

장수연 작가의 《삐딱한 게 어때서》란 책을 보면 청춘들에게 세상을 조금은 삐딱하게 볼 것을 주문한다. 특히 중년세대가 지금 청춘세대 문제를 적극적으로 개선해주지 않는다는 사실을 직시하고 작게라도 스스로 개선해야 한다고 말한다.

《삐딱한 게 어때서》에는 작게라도 개선한 사례로 질소 과자에 대항한 청춘들의 이야기가 나온다. 예전부터 과자 안에 내용물은 조금밖에 없고 질소만 가득하다고 꾸준히 문제가 제기되었다. 하지만 누구 하나 나서지 않고 이 문제를 방관했다. 이때 대학생들이 기발한 아이디어를 냈다. 바로 과자로 만든 배로 한강을 건너는 것이다. 질소가 가득 있는 과자를 모아 배를 만들고 기자를 불러놓고 한강을 건넌 것이다. 그들의 아이디어를 두고 장수연 작가는 전략가다운 발상이며 스스로 삶을 개척하는 마인드라 설명했다.

서울대학교 김난도 교수의 《아프니깐 청춘이다》가 큰 인기를 끌었다. 아픈 청춘에게 위로를 주었다고 칭찬받았다. 그리고 '청춘 멘토' 라는 타이틀을 단 사람들이 출판 시장과 강연 시장에 봇물 터지듯 쏟아져 나왔다. 마치 지금 청춘들이 힘들어하니 자신들이 나서서 꿈과 희망을 심어줘야 할 것 같은 분위기였다. 그리고 청춘들에게 책값과 강연료로 많은 돈을 받아갔다.

청춘들은 그런 요청을 하지 않았는데도 중년세대가 나서서 행동했다. 청춘들은 힘들다고 하지 않았고 스스로 삶을 규정하지 않았다. 하지만 언론부터 출판 등 사회 곳곳에서 힘들다고 표현하니 받아들이기 시작하며 청춘 멘토들을 찾아다녔다. 지금은 장수연 작가 말처럼 청춘들은 중년세대가 규정해버리는 걸 걷어내고 "아프면 환자지 왜 청춘이냐." 라는 말을 유행어로 만들었다. 규정에 저항을 하고 있는 중이다.

사회는 물론 사람들끼리 서로가 서로의 규정을 만들고 있다. 사회나 타인이 만든 규정에 동의하면 규정지어진 삶을 대로 살아야 한다. 질소 과자 배를 만든 청춘처럼 남이 만든 규정에서 벗어나자. 자신을 정의내릴 수 있는 건 자신뿐이다.

단정 지어 버린 규정에서 벗어나기 위해선 다음과 같이 자신을 재정립해야 한다.

첫 번째, 스스로를 과소평가하지 말자.

지금 살아가는 모습이 자신이 원하는 모습이든 원하지 않는 모습이든 최선을 다해 꾸려왔다. 환경이나 여러 가지 상황 때문에 지금과 같은 모습이다. 지금까지 꾸려온 모습을 과소평가하지 말자. 분명 개선의 여지가 있고 더 나아갈 수 있다.

두 번째, 압도당하지 않게 스스로를 보호한다.

곳곳에서 규정지어버린 단어를 사용한다고 휩쓸리지 말고 스스로를 보호하자. 우선 그곳을 빠져 나오는 것이 중요하다. 잠시 스마트폰을 끄고 혼자만의 시간을 갖자.

TIP

우리는 수저도 아니고 벌레도 아니며 존재 그 자체일 뿐이다. 규정을 인정한다면 그렇게 살 수밖에 없다. 그 틀을 깨고 나온다면 자신과 조우할 수 있을 것이다.

현실을 직시해야
나에게 집중할 수 있다

· · · 일반인들이 접근할 수 없는 산을 타는 전문 산악인들이 있다. K2, 로체, 에베레스트 등 8000m 이상 산으로 고산병, 눈사태, 낙석 등 목숨을 걸고 산을 탄다. 남들이 보기에는 도전적이고 진취적인 성격 같지만 전문 산악인이야말로 가장 꼼꼼하고 소심한 성격을 필요로 하는 직업일지 모른다.

8000m 산을 올라가는 데 챙겨야 할 것은 정말 많다. 사소한 물건 하나 빼놓으면 생명을 잃을 수 있다. 꼼꼼한 성격으로 장비를 점검하는 건 기본을 넘어 생존의 조건에 가깝다. 잡지 인터뷰에서 전문 산악인들은 속옷에 있는 상표 태그도 제거해야 한다고 말한다. 무게를 최소화시키기 위한 방안이다. 상표 태그가 무거우면 얼마나 무겁다고, 너무 소심한 것 아닌가 하는 생각도 들지만 이렇듯 작은 것 하나도 놓치지 않아야 안전하게 등반을

마칠 수 있다.

전문 산악인들은 8000m가 넘는 산을 정상까지 올라간다는 희망과 꿈에 부풀어 있기보다 현실을 직시하고 철저히 준비해나간다. 현실을 보는 것이야말로 등반의 시작인 셈이다.

저성장이 지속되면서 도전정신을 심어주기 위해 곳곳에서 꿈, 희망 같은 단어를 심어주고 있고 일부 성공사례를 대대적으로 홍보하고 있다. 꿈, 희망은 정말 소중한 가치이지만 현실을 무시한 꿈과 희망이란 단어는 지극히 위험하다. 전문 산악인처럼 현실을 바탕으로 꿈과 희망을 가져야 하며 그러기 위해선 자신에게 집중해야 한다.

"우리는 철저한 리얼리스트가 되자. 단 가슴속에는 이루지 못할 꿈을 품자."

남미의 전설적인 혁명가 체 게바라의 말이다. 가슴속에는 원대한 이상과 꿈을 품되 행동은 철저히 현실적이어야 한다는 말이다. 많은 사람들은 머리로 자신을 알고 있다고 생각하지만 우리 주변에 많은 것들이 우리를 알게 놔두지 않는다. 현실을 직시하는 훈련을 받은 적 없으며 자신을 지키는 것에 타고난 사람 역시 곳곳에서 비교하는 현실을 벗어날 수 없다.

《날개가 없다, 그래서 뛰는 거다》의 공저자이자 NOWING을 운영하는 김도윤 대표다. 그는 책에서 자신의 20대 시절을 이야기해준다. 2년제 대학을 졸업하고 공부에 뜻이 있었던 것도 아니고, 좋은 곳에 취업하고 싶은 마음도 아닌 '먹고 놀고 대학생' 신분을 유지하고 싶어 4년제 대학에 편입한다. 그렇게 3학년까지 먹고 논다. 어느 날 무뚝뚝한 아버지로부터 "창피하다."란 말을 듣고 큰 충격에 빠진다. 남은 대학생활 1년만이라도 열심히 공부해야겠다 마음먹는다.

문제는 무엇을 어떻게 공부할지 몰랐고 자신이 무엇을 잘하는지 또는 관심 있는지조차 모르는 형편이었다는 데 있다. 김도윤 대표는 고심 끝에 다소 황당한 방법을 생각해낸다. 친구들에게 설문조사를 한 것이다. 스스로를 직시할 수 없으니 남들의 도움을 받고 싶었던 것이다.

설문조사지를 받은 친구들은 황당했다. 평소 술이나 먹고 놀았던 친구가 자신을 알고 싶다고 설문지를 돌리니 말이다. 하지만 진지한 표정과 절박감에 감화된 친구들은 설문지에 응해주었다. 친구들의 여러 가지 조언을 취합해 김도윤 대표는 창의적이라는 자신의 장점을 파악한다. 그리고 현실을 직시하고 자신이 1년 동안 창의력을 발휘할 수 있는 곳을 찾아다니다가 모 기업에서 주관하는 공모전을 발견했다. 학교 다니는 1년 동안 공모전에 미친 듯 도전해 우승한다. 그 후 2010년에 대한민국 인재상을 수상하며 지금은 강사와 작가로 활동 중이다.

김도윤 대표가 현실을 직시하지 않고 막연한 희망을 품었다면 공모전이라는 기회를 만나지 못했을 것이다. 창의력이 강하다는 자신의 장점을 찾아 공모전에 집중했고 지금의 김도윤 대표를 만들었다. 그만큼 현실을 직시한다면 많은 기회를 잡을 수 있고 잡은 기회를 실제화 시킨 수 있다.

꿈을 이루기 위해선 희망과 목표가 있어야 한다. 그 뿌리는 현실을 바탕에 두고 있다는 점을 기억하자. 현실을 직시해야 나에게 집중할 수 있는 법이다. 다음 5가지는 현실을 직시하는 방법이다. 5가지를 통해 막연한 희망에서 벗어나 구체적인 발판을 마련해보자.

첫 번째, 부정적인 생각을 외면하지 말라.

우리는 부정적인 생각을 하지 말라 배운다. 일부는 맞는 말이다. 특히 궁극의 목적을 세울 때 부정적인 생각은 독이 될 수 있다. 하지만 단기적인 목표를 세울 때는 현실에 일어날 법한 부정적인 일을 생각하는 건 큰 도움이 된다. 중요한 건 부정적인 생각 이후 그것을 제거하기 위해 적극적으로 행동하는 것이다. 부정적인 생각의 관점을 바꾸고 개선에 적극 활용하자.

두 번째, 공통된 범주를 찾아라.

10명 중 1명이 나에게 한 가지 조언을 하면 개인적인 의견일수 있지만 10명 중 8명이 공통된 범주 안에서 조언한다면 그건 나의 현실을 이야기해주는 것이다. 외면하기보다 8명이 왜 같은 의견을 제시했는지 살피고 그것이 나의 현실임을 잊지 말자.

세 번째 대가를 먼저 생각한다.

막연한 희망과 꿈은 현실 판단을 흐리게 한다. 그것을 이루고 얻는 성과에만 눈이 먼다면 대가는 더욱 작게만 느껴진다. 그것을 이루기 위해 필요한 대가를 먼저 생각하라. 그렇다면 현실의 나를 직시할 수 있다.

다중지능은 지능순위를 매긴다. 지능순위는 타인과 비교가 아닌 내 안에 담긴 지능 중 순위를 맺기는 것이다. 책이나 언론, SNS 안에 담긴 사람과 비교하면 우월해질 수 있고 작아질 수 있다. 남과 비교하지 말고 자신과 비교하면 된다. 내가 나와 경쟁하는 것이니 잘하는 것도 있고, 못하는 것도 있으며 그것을 받아들이는 자세도 넓은 편이다. 비교를 통해 스트레스를 받지 않고 자신에게 더욱 집중할 수 있다.

현실을 직시하는 건 있는 그대로 받아들이는 것이다. 타인이 개입한다면 타인의 프레임과 생각이 들어갈 수밖에 없다. 모이면 분명 강해지지만 현실을 왜곡해서 볼 수 있다. 사람을 만나야 할 때는 만나지만 혼자 있어야 할 때도 있다. 혼자 있기를 두려워한다면 끊임없이 타인의 생각과 프레임에 노출된 삶을 살아가게 된다. 내 삶에 평생 동반자는 자신밖에 없다. 혼자 있어야 자신과 조우할 수 있다는 걸 명심하자.

우리 사회는 다양한 정보와 다양한 매체, 다양한 성격을 가진 사람들이 모여 돌아가고 있다. 우리는 긍정적이든, 부정적이든 다양성 속에서 영향을 받는다. 시간이 갈수록 정보의 양과 매체의 수는 폭발하고 우리는 더욱 많은 다양성에 노출될 것이다. 그럴수록 어느 것이 정답인지 모른 채 정답이라 말하는 것들에게 휩쓸려 살아갈 수 있다. 어느 순간 자신을 찾고 싶어도 찾지 못할 수도 있다.

정보가 넘치고 매체수가 폭발할수록 자신에게 더욱 집중해야 한다. 특히 모든 분야가 자본주의와 엮이면서 자신을 잃어버리는 건 물론 금전적으로 손해가 발생할 수 있는 위험에 노출된 상태다.

TIP

1장에는 현실 직시를 방해하는 요소를 살펴봤다. 우리의 현실을 이해하는 것부터가 나에게 집중하기의 시작이다. 현실을 이해해야만 해결책이 나오는 법이다. 나를 아는 일을 방해하는 요소를 인정하고 능숙하게 벗어나거나 활용하는 방법을 익힌다면 내가 가진 나와 조우하는 데 두려움이 없을 것이다.

관계,
사람을 통해 나에게 집중하거나
사람을 통해 나를 잃거나

따라 하기만 하다
세월만 간다

• • • 시간의 유한성. 이 세상에 존재하는 모든 것들이 안고 가야 하는 숙명이다. 이 숙명 때문에 지금이 소중하고 스쳐지나가는 인연도 소중한 법이다. 많은 사람들이 시간의 유한성을 어린 시절에 알았다면 지금과 다른 인생을 살았을 거라 후회한다. 하지만 딱 한 번뿐인 삶이며 딱 한 번뿐인 지금이다. 시간의 유한성 때문이라도 우리는 진짜 내 삶을 살아야 한다.

영화 〈인 타임〉은 세상에 모든 비용을 시간으로 계산한다는 설정의 영화다. 사람들은 25세가 되면 노화를 멈추고 팔뚝에 새겨진 '카운트 바디시계'에 1년 유예를 받는다. 그러면서 생활에 필요한 커피 한 잔 4분, 버스 이용 5분, 멋진 스포츠카 59년 등 원하는 것을 시간으로 지불한다. 사람들은 시간을 벌기 위해 노동을 한다. 여기에도 빈부격차가 있다. 가난한 사람들은 하루 시간을 벌기 위해 살아간다. 하루 시간을 벌지 못하면 카운트 바디

시계가 '0'이 되고 심장마비로 사망한다. 반대로 부자들은 몇 세대에 걸쳐 25세에 머물며 영생을 즐긴다. 100년 부자면 100년 후 죽고, 500년 부자면 500년 후에 죽기 때문에 시간의 소중함을 망각한 채로 삶을 즐긴다. 가난한 남자 주인공은 시간 부자인 여자 주인공에게 한마디한다.

"나라면 시간을 그렇게 쓰지 않을 거야."

영화를 보는 내내 시간의 소중함을 넘어 시간이 있기에 우리가 살고 있다는 생각이 든다. 우리가 태어나서 가져올 수 있는 유일한 자원은 사실 시간뿐이다. 나머지는 부모나 사회가 물려준 것뿐이다. 24시간 시간자원은 가장 공평한 자원이다. 이 자원을 잘 활용하는 사람은 보란 듯 자기 인생을 꾸려가고 부모나 사회가 여러 가지 자원을 주어도 시간자원을 활용하지 못하면 평생 타인이 꾸려놓은 삶의 코스를 살 수 밖에 없다. 시간의 유한성을 안다면 우리는 우리 자신의 삶의 모습을 고민하고 꾸려나가야 한다. 시간자원은 유일하게 내가 조절할 수 있는 자원이기 때문이다. 그렇기에 내 시간은 절대적으로 소중하다.

주변 사람들을 완전히 떠나 살 수 있는 사람은 없을 것이다. 고로 우리는 좋든 싫든 사람에게 영향을 받고 자라난다. 사람을 통해 나에게 집중하는 힘이 생길 수 있고, 사람을 통해 나를 잃어버리게 하는 부정적인 영향을 받을 수 있다. 특히 무작정 따라한다면 내 개성은 사라지고 세월만 잃어버릴 수 있다.

남들이 만들어놓은 성공코스가 있다. 20대 때는 무엇을 해야 하고, 30대 때는 무엇을 해야 한다는 매뉴얼이다. 100명이 있다면 100명 모두 다른 삶을 사는데 따라하기식 성공코스는 어불성설이다. 시간의 유한성을 생각해서 자기가 생각하는 성공을 만들고 꾸준히 나아가는 게 나를 위한 길이다.

로버트 그린의 《50번째 법칙》이라는 책은 50cent라는 흑인 가수를 중심으로 이야기를 전개하는 대목이 있다. 50cent는 아버지 얼굴도 모른 채 할아버지, 할머니 손에 자란다. 그가 자라온 환경은 마약상이 넘치는 거리였다. 그 역시 15세 되던 해 마약상에 뛰어든다. 영민한 그는 갖가지 방법으로 돈을 벌기 시작했다. 하지만 마약상들은 대개 30세 이전에 죽거나 거지 신세가 된다. 위험천만한 거리에서 언제든 총을 맞을 수 있고 마약에 찌들어 대부분의 삶을 마감한다. 50cent도 비슷한 삶이 예고되었다.

어느 날 경찰에 체포된 그는 징역을 산다. 그러다 감옥 안에서 미친 듯 독서하며 자신의 삶을 주도적으로 살아가겠다고 다짐한다. 감옥에서 나온 그는 생계를 위해 친구가 운영하는 마약 제조공장에서 일하는데 그때 영원히 임금노동자로 살지 않겠다고 다짐한다. 공장 안 사람들은 친구가 주는 일당에 만족하고 그 돈으로 마약을 살 뿐이었다. 공장은 총 맞을 일은 없지만 미래가 암울했고 차라리 꿈이라도 있는 마약상이 더 좋게 여겨질 정도였다.

50cent는 공장 사람들에게 자신의 일당을 조금 주고 마약원료를 조금씩 빼돌려 다시 마약상이 된다. 그리고 자신의 진짜 꿈인 힙합가수 노선을 위해 약간의 돈을 마련하고 마약시장을 떠난다.

마약시장을 떠나고 힙합 세계에 발을 들인다는 건 힙합 세계에서 끝을 보겠다는 각오였다. 그는 배우지 못했고, 기술도 없어서 힙합 세계에서 실패하면 끝이었다. 하지만 연예계도 마약시장과 다름없이 정글 자체였다. 이용가치가 있다면 기획사가 들어와 돈을 벌 뿐 개인의 삶에는 관심도 주지 않았다. 다행히 50cent는 연예계를 객관적으로 볼 수 있었다.

대단하지 않은 힙합 실력에 후원자 역시 존재하지 않았다. 기존 기획사와 일한다면 자신은 있는 듯 없는 듯 사라지는 존재가 될 수 있었다. 이때 다시 한 번 마약 세계에서 배운 대로 타인에게 의지하는 불행한 노예가 되지 말 것을 상기한다. 수많은 힙합 가수 중 자신만 표현할 수 있는 마약 세계의 모습을 힙합으로 담았고 다른 가수들처럼 음반을 가게에 팔지 않았다. 그는 길거리에서 나누어주는 전략을 선택했다. 기존과 다른 길을 찾아간 것이다. 훗날 자기에게 많은 주도권을 주는 기획사를 만나 미국을 대표하는 힙합 가수로 자신을 재탄생시킨다.

그는 다른 누구의 삶을 따라하지 않았다. 남들과 같은 마약상에 머물거나, 다른 가수들과 똑같은 성공 방식을 따라했다면 지금과 같은 모습은 없었을 것이다. 자기 개성을 철저히 살렸고, 자기 주도권을 놓지 않았기에 그만의 방식으로 성공할 수 있었다.

일정한 나이가 될 때, 또는 일정한 실력을 키울 때까지 우리는 스승이나 다른 사람을 따라해야 한다. 하지만 자기 개성을 무시하고 따라 하기만 한다면 딱 거기까지다. 자신의 개성은 사라지고 스승 또는 자기가 모방한 사람의 명성에 눌려 제대로 성장하지 못한다. 그렇게 세월만 보내는 사람이 많다.

일정한 때가 되면 두려움을 이기고 따라하는 자신에서 빠져나와야 한다. 그리고 개성을 바탕으로 자신의 진짜 색깔을 찾아야 한다. 무작정 따라하기는 주인의식의 관점에서 매우 위험한 행동임을 기억하자.

다음과 같은 마음가짐으로 따라하기를 강요하는 세상에서 자신을 지키고 개성을 반영하는 일을 해보자.

첫 번째, 몸은 머물고 있어도 마음은 독립을 선언한다.

조직에 있다면 따라하기를 할 수 밖에 없다. 배워야 하기 때문이다. 하지만 마음은 독립을 선언하라. 이때 끊임없이 개선점을 찾는다면 마음의 독립을 유지할 수 있다.

두 번째, 출구전략을 세워라.

벗어날 때를 설정할 수 있다면 그 지점에서 벗어날 수 있다. 막연히 벗어날 시기를 잡으면 막연히 시간을 보내게 된다. 출구전략을 세워라. 출구전략이 있다면 따라하기를 강요하는 곳에서 목표가 달성된 후 벗어날 수 있다.

TIP

지금 당신은 따라 하기만 하고 있는가? 아니면 그에서 벗어나 자신의 개성을 반영하는 일을 하고 있는가? 또는 따라하고 있지만 벗어날 준비를 하고 있는가? 사람 관계 속에서 내 개성을 찾는다면 나에게 더욱 집중할 수 있다. 그리고 내 개성이 반영된 성공으로 나를 이끌어 갈 수 있다.

FOCUS ON ME

남을 의식하지 말고 내 뜻대로 살자.

주변 사람들은 언제나
평범하게 살라 말한다

・・・ "광기는 개인에게서는 예외적으로 나타나지만 집단에서는 반드시 나타난다."

니체의 말이다. 과거 살벌한 마녀사냥이나 비이성적인 폭력이 용인되던 시기, 개인이 폭력을 행사한다면 광기지만, 집단에선 이런 일을 보호하고 장려한 일도 많았다. 그만큼 집단의 행동은 비이성적인 것도 당연한 듯 넘어가게 되는 일이 많다. 대중은 언제나 집단행동에 쉽게 현혹된다. 과거나 지금이나 정치인들은 선전 선동으로 집단광기를 적극 활용해 자신의 권력을 공고히 다지고 있다. 개인이 거기에 대항하거나, 휩쓸리지 않게 행동하는 데에는 많은 어려움이 있다.

　모 방송에서 사람 심리에 관한 재미있는 실험을 했다. 설문조사지를 작성한다고 하며 대학생 4명을 모았는데 그중 대학생 3명은 연기자고 1명만 실험 대상자다. 설문조사는 방에서 이루어졌는데 잠시 후 불이 난 것처럼 문틈에서 연기가 서서히 들어왔다. 연기자 3명은 설문조에만 집중했다. 실험자가 연기에 놀라 옆 사람에게 "불 난 것 아니냐?" 묻자 묵묵부답이었다. 방 안에 연기가 꽉 찼지만 3명이 가만히 앉아 있자 실험대상자 역시 앉아서 설문지를 작성했다.

누가 봐도 불이 난 상황이지만 절대 다수 3명이 가만히 있으니 1명은 행동을 하지 못하는 상황이다. 이 실험은 사람이 얼마나 다른 사람(특히 집단)의 행동을 따르는지를 잘 보여준 실험이다.

우리는 그만큼 절대 다수가 정답이라 말하는 것을 벗어나기에 심리적으로 취약한 존재다. 곳곳에서 꿈이나 도전을 앞둔 사람들에게 평범하게 살라고 조언한다. 평범하게 사는 것조차 힘든 세상에 우리는 남들 사는 대로 살라는 사람들의 말에 휘둘려 자신을 잃어가는 것은 아닌지 생각해봐야 한다.

대한민국 대표 개그우먼 박지선 씨. 많이 알려진 대로 그녀는 고려대학교 사범학과 출신이다. 고등학교 시절 특별한 꿈보다 성적에 맞춰 대학에 갔다. 대학교는 고등학교처럼 성적표를 만들어주지 않기에 친구를 사귀고 친구가 짜준 스케줄대로 수업을 들었다. 그렇게 친구와 4년을 똑같은 수업을 듣는다. 졸업을 앞두고 친구랑 똑같이 임용고시 준비에 들어간다.

임용고시를 준비하는 어느 겨울. 밖에는 눈이 내리고 있었다. 100명이 꽉 찬 학원에는 학원 강사 말을 놓치지 않게 모두 필기만 하고 있을 뿐 내리는 눈에는 관심조차 없었다. 박지선은 2시간 넘게 내리는 눈을 보며 자신이 가장 행복했던 순간을 생각한다. 고등학교 시절 친구 여럿을 모아놓고 웃길 때가 가장 행복했다. 그 후 임용고시를 포기하고 KBS 개그 공채시험에 도전한다. 그 후 우리가 아는 박지선의 모습이 탄생한다.

　임용고시를 보고 선생님이 된다는 건 자랑스러운 일이다. 또 사명감으로 교육하는 선생님들도 많다. 중요한 건 박지선은 친구 짜준 스케줄대로 무난히 대학을 마치고 자연스럽게 임용고시를 준비하는 코스가 박지선 스스로의 삶은 아니라는 점을 우연한 계기로 깨닫고 자신의 삶을 찾아갔다는 점이다.

　짐 캐리 주연의 영화 〈트루먼 쇼〉는 기상천외한 소재로 인기를 끌었다. 보험회사 샐러리맨으로 평범하게 살던 트루먼의 하루는 전 세계 TV로 생중계된다. 트루먼쇼 감독은 태어날 때부터 서른 살 가까운 나이까지 트루먼을 키우고 조종한다. 하지만 트루먼은 자신의 삶이 생방송되고 있다는 걸 모른다. 트루먼은 큰 세트장에서 길러지는데, 감독은 그 세트장 밖으로 벗어나지 못하게 어린 시절 아버지를 폭풍우에 잃게 하는 연출로 트라우마를 심어준다. 그 후 매일같이 브라운관에 일거수일투족이 방송되니 그는 눈먼 스타였던 것이다.

　트루먼이 자란 뒤 사실을 말해주려고 온 아버지(정확히는 배우)는 길을 막아선 사람들에 의해 다른 곳으로 끌려간다. 이 일을 계기로 트루먼은 일상을 의심하게 된다. 그때부터는 맑은 하늘에서 떨어진 조명을 보고, 평범한 간호사인줄 알았던 아내의 병원에서 의심스러운 현상을 본다. 그러던 차에 대학시절 우연히 만난 실비아가 등장해 모든 게 가짜라고 말해준다. 하지만 실비아 역시 감독이 짜놓은 각본으로 피지에 간다는 정보만 남기고 떠난다.

트루먼은 피지를 열망하고 주어진 환경에서 탈출을 감행한다. 그를 가장 괴롭게 했던 물에 대한 트라우마 역시 보란 듯이 극복하고 세트장 끝자락에 도착한다. 감독은 트루먼에게 세트장에 머물며 스타로 살자고 제안하지만 트루먼은 보란 듯 자유를 찾아 세트장 문을 나간다. 그 모습에 시청자들은 박수를 보낸다.

영화에서 실비아와 감독이 토론을 하는데 감독은 트루먼이 진정으로 자유를 찾겠다고 모험을 강행했다면 기회는 있었다고 말한다. 하지만 가족과 주변 사람들의 반대를 이기지 못했다며 트루먼 탓을 했다.

우리의 삶도 트루먼 쇼가 아닐까. 주변 사람들의 반대가 완강해 무엇이든 하지 못하는 측면에서 말이다. 특히 주변 사람이 나에게 지대한 영향력을 행사하는 사람이라면 완강한 반대를 절대 이기지 못한다.

주회의 권학문(勸學文)에는 '세불아연(歲不我延)' 이란 말이 나온다. '세월은 나를 위해 더디게 가지 않는다.' 란 뜻이다. 고전 관련 독서를 하다 이 글에 멈추고 말았다. 우리의 삶은 일생(一生)이고 시간은 절대 나를 위해 기다려주지 않는다.

개그우먼 박지선이나 〈트루먼 쇼〉 주인공 트루먼처럼 우리도 일생을 보내고 있다. 주변 사람들 말에 휘둘리기엔 세월은 잔인하게 흘러간다.

고용사회가 무너지고 기계가 우리 일자리를 대체하면서 평범하게 살기는 더더욱 힘들어지고 있다. 대학 졸업 후 취업하고 결혼해 아이 낳고 대출금 갚으면서 평범하게 살기에도 힘에 부친다. 이럴 때일수록 더 큰 꿈을 꾸고 나아가야 하지 않을까?

스타트업으로 자리를 잡고 있는 벤처기업 Y 대표가 있다. 20대 중반 낮에는 회사를 다니고 밤에는 야간 대학교를 다녔다. 졸업을 앞두고 회사에 잔류할 것인가 스타트업을 시작할 것인가 고민했다.

주변 사람들은 '빨리 결혼 준비해라', '진급준비 해라' 등 조언을 했다고 한다. 답답한 Y 대표는 전문가의 도움을 받기로 한다. 바로 학교 취업상담센터 상담이다. 상담사에게 자신의 고민을 말하자 상담사는 자신이 아는 대로 스타트업 세계 이야기를 해주었다. 왜 직장이 있는데 스타트업에 도전하느냐 반문까지 받았다. 상담을 마치고 상담사는 마지막에 "평범하고 행복한 삶을 살 수 있는 길을 선택하세요." 조언을 했다. Y는 진짜 하고 싶은 일을 하는 게 행복한 일이라 판단하고 라면을 먹더라도 내 일을 하겠다고 다짐했다고 한다. 졸업과 동시에 스타트업을 교육하는 기관에 들어가 벤처기업을 차린다.

만약 회사가 망하면 후회할 것인가 물었다. Y는 한 번은 풀어야 하는 삶의 숙제를 풀어서 후회는 없다고 답했다. 즉 다른 사람 말을 그대로 들을 필요가 없고, 성격상 한 번은 내 사업체에서 열정을 풀 수 있었다는 것만으로 행복하다는 것이었다.

TIP

평지 같은 인생도 인생이고 굴곡진 인생도 인생이다. 어떤 인생이든 끝은 후회로 가득하다. 우리 삶에서 후회는 없을 수 없다. 후회를 최소화시키는 게 중요하다. 그 방법 중 하나가 평범하게 살라고 강조하는 세상에서 내 뜻대로 사는 것이 아닐까 생각한다.

혼자 있는 시간이
많을수록 숙성된다

• • • 같은 문제를 매일 터뜨리는 사람이 있다. 문제인 줄 알면서 고치지 못하고 다른 사람에게 피해까지 끼친다. 처음 한두 번은 참아줄 수 있지만 반복하다 보면 주변에 사람들이 떠난다. 이렇게 같은 문제를 반복하는 사람의 특징은 반성할 줄 모른다는 점이다. 반성이 없기에 고쳐지지도 않고 발전도 없다. 그리고 살아가는 모습도 거기서 거기다.

우리 삶은 문제가 없을 수 없다. 잘난 사람이건 못난 사람이건 문제가 발생한다. 차이가 있다면 문제에 대응하는 자세다. 문제가 터지기 전 예방하면 금상첨화지만 변화무쌍한 문제들을 겪고 나서 비로소 문제임을 알아가는 경우가 부지기수다.

이때 반성하는 사람은 문제가 터진 이유와 다음 번 유사한 문제가 터질 때 어떻게 대응하는지 찾아내지만 반성하지 못한 사람은 어떤 교훈도 대응책도 마련하지 못한다. 앞으로 나아가기 위해선 문제가 터지고 나서 반성의 시간이 꼭 필요하다.

반성을 깊게 하는 방법은 크게 두 가지가 있다.

1번, 상상도 못할 강한 충격을 받고 뼈저리게 반성한다.
2번, 혼자 있는 시간에 반성한다.

1번만큼 효과가 좋은 것도 없지만 강한 충격은 트라우마를 동반하거나 반대로 회피해버리게 되는 등 부작용이 있는 위험한 반성 방법이다. 2번이 꾸준하고 깊이 있는 반성이다.

나에게 집중을 잘하는 사람은 혼자 있는 시간을 꼭 갖는다. 혼자 있는 시간에 자신을 반성하고 앞으로 나아갈 방향을 찾는다는 특징이 있다. 우리에겐 《조선 왕 독살사건》으로 잘 알려진 이덕일 작가. 조선 역사를 현대인 눈에 맞추면서도 날카롭게 평가를 내리는 작가로 많은 팬을 확보하고 있다. 100여 권이 넘는 단행본과 칼럼으로 끊임없이 역사 콘텐츠를 재생산한다. 그를 인터뷰한 《고수기행》이란 책에서는 그에게 글이 잘 안 풀리면 어떻게 하는지 물었다. 이덕일 작가는 집 뒤에 있는 북한산을 탄다고 말한다. 산을 타면서 당시 역사 인물이 직접 되기도 한다고 말을 이었다.

여기서 중요한 건 혼자 탄다는 것이다. 누구와 동행하지 않기에 자신을 벗어버리고 역사 인물의 마음까지 읽는 것이다. 만약 이덕일 작가가 외롭다는 이유로 누군가와 동행했다면 역사 인물에게 자신을 투영하지 못했을 것이다. 혼자였기에 생각에만 집중할 수 있었을 것이다. 이덕일 작가는 혼자 있을수록 분명 더 깊고 더 숙성된 글이 나온다는 것을 알았던 것이다.

작가나 새로운 무언가를 창조하는 사람은 당연히 혼자 있는 시간이 필요하다. 하지만 평범한 사람 역시 혼자 있는 시간이 없다면 타인에게 함몰되어 자신을 잃어버리는 경우가 있다.

핸드폰 매장을 운영하는 지인이 있다. 대학생 때 본사에서 자사상품 판매를 높이기 위해 파견 아르바이트를 시작했다가 특유의 친절함과 성실함으로 많은 성과를 내고 많은 인센티브를 받아 대학 졸업 후 조그마한 매장을 차린다. 지금은 매장을 여러 개 운영하고 있다. 나이에 비해 수입이 괜찮다. 수입이 괜찮은 만큼 쉴 틈도 없이 바쁘다. 하지만 여유 있어 보인다.

지인에게 쉬는 날 무엇을 하는지 물었다. 그는 조용히 산책을 하거나 독서를 한다고 답했다. 그의 성격을 알기에 친구들과 쇼핑을 하거나 파티를 할 줄 알았는데 혼자 조용히 보낸다는 말을 듣고 의아했다. 지인이 설명하길 고객, 직원, 협력사, 비즈니스 모임 등 매일같이 사람을 만나다 보니 자신이 잘 가고 있는지를 사색하고자 혼자만의 시간을 꼭 갖는다는 것이다. 그 방법은 산책과 독서라고 한다.

앞으로 나아가는 사람에게 혼자 있는 시간은 반성을 하고 앞으로의 방향을 잡는 소중한 시간이다. 하지만 혼자 있는 시간을 못 이기는 사람이 있다. 혼자 있기가 두려운 사람이다. 주말이면 어떻게든 스케줄을 만들어 누구를 만나 함께 보낸다. 또 특별한 날이면 스케줄을 잡기 위해 더욱 애쓴다. 가끔은 안쓰러워 보일 때도 있다.

결혼하고 가족이 있다 해도 사람은 언젠가 혼자 있는 시간이 반드시 존재한다. 설사 옆에 누군가 있더라도 물리적 거리만 가까울 뿐이지 평생을 마음까지 가깝게 지내기는 힘들다. 그래서 평소 혼자 있기를 연습한 사람은 이 시기에 자신을 더욱 갈고 닦지만 혼자 있기 연습을 하지 않은 사람은 고통스러운 나날만 보내게 된다.

사람은 본능적으로 몰려다니길 좋아한다. 우리 몸은 2조 개가 넘는 세포로 구성되어 있다. 개별적으로 활동했던 원시세포들은 여러 가지 시련을 겪으며 콜라겐에 의해 뭉쳐지기 시작한다. 그리고 진화를 거듭하며 포유류가 되고 영장류가 된다.

초기 인류는 몰려다녀야 했다. 다른 동물에 비해 특별난 재주가 없는 인류는 살아남기 위해 함께했다. 서서히 진화를 거듭해 현생 인류 호모사피엔스가 탄생한다. 그 후 15세기에 시작된 '개인주의' 시대가 열리기 전까지 집단에 의해 살아갔다. 즉 우리 몸속 또는 우리 두뇌 속에는 몰려다니길 좋아하는 본능이 깊숙이 박혀 있다. 그렇지만 누군가는 본능을 벗어나 자기만의 성숙한 시간을 갖고 자기를 완성한다.

세계 3대 종교는 기독교, 불교, 이슬람교이다. 창시자는 예수, 부처, 마호메트로 성인 중에서도 세계인의 성인이다. 예수는 광야에서 40일간 금식하며 혼자 있는 시간을 가졌다. 매일같이 악마와 싸우며 성인이 되었고, 부처는 사문유관(四門遊觀) 후 출가해 명상을 하다 보리수나무 아래에서 성인이 된다. 마호메트 역시 40세 때 메카의 하리산에서 홀로 명상을 하다 계시를 받는다. 종교를 떠나 모두 혼자 있는 시간이 있기에 가능했던 것이다. 혼자 있었기에 성숙하고 혼자 있었기에 자기완성을 이루었다.

인간의 폭력성을 적나라하게 보여준 빅터 프랭크린의《죽음의 수용소》에서는 자신을 살아가게 해준 혼자만의 시간에 대해 이야기해준다. 빅터는 하루 딱 5분 혼자 있는 시간을 가질 수 있었다고 서술했다. 그 짧은 5분 동안 살아갈 힘을 받았다고 한다.

최근 TV보다 스마트폰을 더 많이 본다는 통계가 나왔다. 스마트폰으로 전화는 물론 SNS, 게임, 쇼핑 뭐든지 다 할 수 있다. 하지만 스마트폰 때문에 자기 시간을 못 갖는 추세다. 이런 상황을 벗어나고자 '디지털 디톡스 운동'이 전개 중이다.

몇 분만이라도 디지털 기기에 벗어나보자. 그리고 사람들 속에도 벗어나자. 자신을 위해 단 몇 분도 사용 못한다면 자기 인생에 예의를 얼마나 지키고 있나 고민해봐야 한다.

TIP

앞으로 나아가기 위해서, 또는 반성하기 위해서, 아니면 살아가기 위해서 혼자만의 시간을 가지자. 그 시간은 외로운 시간이 아니라 가장 진실한 자신을 만나는 유일한 시간인 셈이다.

구설수, 겁내면
아무것도 못한다

· · · 《꿈의 해석》을 통해 인간에게 무의식의 세계가 있다고 말한 의사 프로이트. 그는 눈에 보이지 않는 무의식에 관한 논문을 발표할 때마다 "쓰레기 같은 저질 의사의 저질 논문"이라는 말을 들었다. 평생 이런 말을 들으며 연구를 지속했다. 훗날 '정신분석학의 아버지'로 불리지만 당시로는 쓰레기 의사로 평가 받은 것이다. 프로이트가 당시 남들의 평가가 두려워 연구를 포기했다면 사람들 두뇌 속에 존재하는 무의식에 관한 연구는 늦어졌을 것이다.

역사에 나오는 위인은 물론 일정한 성공을 이룬 사람을 보면 구설수에 올라 혹독한 시절을 보내는 경우가 많다. 이때 자신이 옳다고 꿋꿋이 가는 사람은 끝을 보지만 구설수가 겁나 다른 사람들 눈치를 보는 순간 나아가지 못한다.

나에게 집중하는 일은 사람들 속에서 나온다는 뜻이다. 즉 튄다는 뜻이다. 뛰는 순간 타인의 시선을 받을 수밖에 없다. 역시나 구설수에 오른다. "자기 잘난 맛에 산다.", "얼마나 성공할까." 등 비아냥거리는 말도 받게 된다. 이럴 때일수록 자신을 더욱 점검하고 다져야 한다. 구설수 또는 시기심은 인류와 함께 커온 자연스러운 감정이기 때문에 비난할 것도 대응할 것도 없이 묵묵히 자기 길을 가야 한다. 강의를 나가 구설수로 힘들어하는 사람에게 미국 철학자이자 정치가 헨리 소로우의 명언을 들려준다.

"시기심은 모든 뛰어난 존재가 내야 하는 당연한 세금이다."

지금 구설수나 시기심으로 힘들어한다면 당연한 세금을 내고 있다고 생각하면 된다. 그만큼 현재 당신이 뛰어나다는 뜻이기도 하다.

몇 백만 원으로 사업을 시작해 지역에서 꽤나 성공한 대표가 있다. 식사도 몇 번 하고 주기적으로 만날 수 있는 기회가 있어 그의 성공 스토리를 직접 들을 수 있었다. 그는 1997년 IMF 시절 어음부도를 맞고 세상이 싫어 한강 다리까지 올라갔지만 가족을 생각해 재기를 꿈꾸었다. 잠도 4시간으로 줄이고, 자존심도 버리고 사업에 집중해 4년 만에 빚을 다 갚았다. 지금은 작은 빌딩도 짓고 봉사활동도 하며 살고 있다. 그의 재기 스토리가 여기저기 퍼지면서 케이블TV에까지 출연하게 되었다. 나 역시 본방송으로 시청했다.

그의 재기 스토리 동영상이 모 포털 사이드 메인페이지까지 올라가자 조회수가 폭발적으로 늘어났다. 나 말고 다른 사람들은 어떤 생각을 할까 궁금해 댓글을 봤다. '지금 시대가 어느 시대인데 창업을 하라고 바람을 넣느냐.', '누군가 도왔을 것이다.', '나 사업해 망하면 책임 질 것이냐.', '자기 사업 홍보하고 있네.' 등 비꼬는 내용이 많았다.

안티나 비판은 없을 수 없지만 참 안타까웠다. 지인은 자신의 재기 스토리를 많이 알려 다른 사람에게 희망을 주고 싶었던 것뿐인데 악성댓글만 보였기 때문이다. 그렇지 않은 사람도 많다는 것을 알지만 씁쓸한 건 사실이었다.

방송과 댓글을 보며 본인의 의사나 목적, 의지와 상관없이 세상은 자기 멋대로 판단해버린다는 사실을 새삼 깨달았다. 이런 것에 일일이 대응한다면 지쳐 아무것도 하지 못할 것이다. 지인 역시 삶의 굴곡에서 쌓인 경험 때문인지 재기 스토리를 계속 인터뷰하고 방송에 나가겠다고 한다. 무언가 이룬 사람에게 구설수는 당연히 뒤따른다. 구설은 뛰어난 존재의 당연한 벗으로 생각하면 된다.

혼자 집중하는 직업 중 하나가 글 쓰는 작가일 것이다. 주변에 몇몇 작가들은 왕성하게 활동 중이다. 이들 역시 네티즌 리뷰를 통해 끊임없이 평가받고 구설수에 오른다. 도움이 되는 비판이나 독자 평가는 겸허하게 받아들이지만 고의적이고 악의적인 혹평은 무시하는 게 상책이라고 한다.

단 한 사람이라도 100% 만족을 준다는 건 불가능한 일이며 책 만 권이 팔리면 만 개의 평가가 나오는 법이다. 만 개 평가 모두 좋게 받겠다는 건 욕심이라는 말이다.

큰 산이 큰 산이 될 수 있는 건 다 감내했기 때문이다. 가뭄이 마음에 들지 않고, 병충해가 마음에 들지 않는다고 받아들이지 못하면 클 수가 없다. 가뭄은 뿌리를 더욱 단단히 내리게 하고 병충해는 제거해야 할 것들을 정리해준다. 집단에서 튀어나와 혼자만의 시간을 갖는 것 역시 구설수라는 가뭄, 병충해를 감내해야 하는 일이다.

우리나라 대표 1인 기업가 공병호 박사는 모난 돌이 되라 말한다. '모난 돌이 정 맞지만, 모나야 자기가 원하는 모양으로 살 수 있다.'는 설명이다. 성공한 많은 사람을 보면 모가 나서 구설수에 오르고 보란 듯 이겨내 경외(敬畏)의 존재가 된다. 경외의 존재가 되기 위해선 앞으로 나아가기 위한 '나에게 집중하기'가 필요한 법이다.

구설수 앞에 있다면 자신을 믿는 용기가 중요하다. 당신이 뛰어나기 때문에 구설수에 오르고 있고 한 발만 더 나아가면 만인의 존경과 두려움을 함께 받는 경외의 존재가 된다. 그리고 자신의 그림대로 나아간다면 일가(一家)를 이룰 수 있다.

집단을 벗어나 나에게 집중하는 도중에 구설수에 있다면 다음과 같은 생각을 가지고 경외의 존재로 스스로를 진화시키자.

첫 번째, 구설수를 당연한 존재로 여긴다.

모든 역사를 살펴보면 구설수는 언제나 존재했다. 이집트를 살리기 위해 고군분투했던 클레오파트라 역시 로마에선 '요괴 같은 여자'로 구설수에 올랐고, 위촉오 삼국 시절 핵심세력이 된 유비 역시 '돗자리나 짜던 녀

석'으로 구설수에 올랐다. 그림자처럼 없어지지 않는 존재감을 드러내는 이상 사람들은 시기와 질투를 하기 마련이다.

두 번째, 스스로를 속이지 않는다.

스스로 최선을 다했다면 끝이다. 구설수를 오르락내리락 하는 사람들은 나에 대해 정확히 알지 못한다. 하지만 스스로를 속이면 구설수 앞에 당당하지 못한다. 당당하기 위해 자신이 할 수 있는 최선을 다하면 끝이다.

세 번째, 무덤덤해지는 훈련을 한다.

상대방 공격에 흥분하고, 칭찬에 기뻐 날뛰는 사람이 있다. 감정기복이 심한 사람이다. 무슨 말을 듣든 의연한 태도를 유지하는 훈련을 하자.

TIP

구설수를 겁내고 남들 눈치를 보다 보면 자신과의 조우는 힘들어진다. 인간은 타인의 평가에 영향을 받는 존재다. 받아들일 건 받아들이자. 하지만 남들의 이목에 과하게 신경을 쓴 나머지 내 할 일을 제대로 하지 못하는 우를 범하지는 말자.

벗어난다는
엄청난 용기

· · · 한때 조폭 영화가 한국 스크린을 장악했다. 조폭의 의리, 멋진 액션, 단순무식한 유머 등 대부분은 조폭들을 미화시킨 내용이었다. 흥행이 돈인 영화사는 더 자극적이고 아름답게 조폭 영화를 생산해냈고 한동안 인기를 끌었다. 조폭은 범죄조직인데 이들이 미화되고 관객이 열광하는 이유에 대해 전문가들은 저(低)신뢰 사회를 반영한 것이라 말한다. 의리나 우정을 주변에서 찾지 못하면서 왜곡된 상징일지언정 조폭들의 의리를 보며 대리만족한다는 설명이다. 우리는 그만큼 의리와 우정이 있는 집단을 늘 그리워하는 것 같다.

집단을 벗어나 혼자 지낸다는 건 어려운 일임에도 최근 프리랜서나 1인 기업을 준비하는 사람을 많이 볼 수 있다. 안타까운 건 대부분 1년 안에 다시 이력서를 쓴다는 것이다. 윤석일의 《1인 기업이 갑이다》를 보면 처음 자유를 느끼며 1인 기업을 시작하지만 중간에 포기하는 케이스가 많다고 준비를 철저히 할 것을 조언한다.

　대부분 일정한 수입이 없는 게 원인이지만 조직이 주는 안정감을 포기하지 못해 이력서를 쓴다는 설명이다. 저자는 월급과 조직의 매력을 '매력을 넘어 마력'이라 표현한다. 어쩌면 1인 기업, 프리랜서들은 안정을 버리는 대가로 자유를 찾아나서는 사람들일지 모른다. 그만큼 우리 삶에서 안정과 자유는 첨예하게 대립하는 존재다. 몰려다니기 좋아하는 것 역시 안정감의 매력이 강하기 때문일지 모른다.

　망아지 한 마리가 강을 건널지 말지 고민을 하고 있다. 이때 황소와 다람쥐가 지나간다. 황소는 강이 얕으니 언제든지 건너라 말하고 다람쥐는 강이 너무 깊어 빠져 죽을 수 있다고 말한다. 여기서 중요한 건 강의 깊이가 아니다. 똑같은 강인데 황소한테는 얕고, 다람쥐한테는 깊다. 당신이 황소라면 건너야 하고 다람쥐라면 건너지 말아야 한다. 즉 같은 문제라도 주체가 누군가에 따라 해결하는 방식이 달라진다. 당신에게 10m가 긴지 짧은지 물으면 쉽사리 답변할 수 없을 것이다. 기준이 없기 때문이다. 긴지 짧은지는 기준에 따라 달라지는 법이다. 우리 삶도 '이것이 삶이다.'라는 기준이 있다면 좋을 것이다. 모두가 그렇게 살아가면 되기 때문이다. 하지만 알다시피 그런 건 존재하지 않는다. 기준은 내가 만들어갈 뿐이다.

　몰려다니기 좋아하는 건 조직이 이 기준을 잡아주기 때문이다. 그리고 막연하지만 집단이 나를 보호해주고 어려울 때 도와줄 거라는 안도감도 준다. 우리는 주도적으로 삶을 살 때 행복을 느끼지만 반대로 결정권 없이 사는 것에도 쉽게 익숙해진다. 익숙함이 주도권을 포기하게 만들지만 편안함을 주는 건 사실이다.

한때 우리 사회를 경악시킨 사건이 있다. 바로 염전노예 사건이다. 브로커들이 노숙자나 장애인에게 좋은 일자리를 준다고 속여 염전에 팔아버린다. 염전에선 가장 기본적인 욕구만 해결해주고 노예처럼 부린다. 경찰 조사로 64명의 염전노예는 풀려났다. 문제는 그 후였다.

64명 중 13명만 재활센터로 들어갔고 20명은 다시 염전으로 갔다. 나머지는 다시 노숙인 생활을 한다. 돌아갈 곳도 없고, 스스로 생활을 이어나갈 수도 없어 자신을 핍박하고 부려먹은 염전 주인에게 다시 간 것이다.

이 사건을 보고 생각이 복잡해졌다. 인간 본성의 한 단면을 보여준 일이 아닐까 생각한다. 주인이 시키는 것만 하면 된다는 건 고통과 함께 안락함을 선사해주는 일이다. 노예로 살던 과거에서 벗어나는 것이 힘든 건 그 때문이다.

사람은 본디 굴레를 벗어나기 어려운 존재다. 사람 관계에서도 마찬가지다. 염전노예처럼 자신의 생사여탈권을 쥐고 있는 사람에게 길들여지다 보면 점점 저항감이 사라지고 그 관계에 서서히 익숙해진다. 그러면서 그 사람과의 관계에 매몰되는 것이다.

벗어나기 수월하려면 일정한 거리가 필요하다. 아무리 상대가 좋아도 너무 가깝지도 멀지도 않은 사이로 지낼 필요가 있다. 즉 사람 거리의 완충지대 말이다. 이런 공간이 없다면 벗어나기는 정말 힘들다.

한국은 정서적으로 서로에게 의존하려는 경향이 있다. 남녀 힐 것 없이, 또는 각자 가지고 있는 실력이나 사정도 상관없이 나이를 묻고 '형님, 동생', '언니, 동생'이 된다. 나이에 따라 상하를 나누는 건 쉽게 친해질 수 있다는 장점이 있다.

거기다 긴장을 풀어주는 술까지 먹으면 친해지는 건 쉽다. 여자는 수다라는 친목 도모 무기가 있지만 남자는 술이 들어가지 않으면 비즈니스와 부동산, 정치 이야기 빼고 할 말이 많지 않다. 특별한 목적을 위한 모임이 아니면 남자들 모임에는 술이 있다. 즐거움을 주는 모임은 쉽게 벗어나기 힘들다. 시간이 지날수록 내 안에서 자기를 찾기보다 모임에 할애하는 시간이 많아진다.

KBS의 예능 프로그램 〈안녕하세요〉에서는 연예인들의 입담으로 시청자의 고민을 해결해준다. 어느 날 30대 평범한 주부가 나와 남편이 몇 년째 생활비를 안 벌어다 주고 있다는 고민을 털어놓았다. 남편이 집에서 빈둥빈둥 노는 것도 아니고 늘 바쁜데도 생활비를 안 준다는 것이다. 아이를 키우는 주부로서 큰 고민이다.

남편의 성실한 점에 반해 결혼을 했다는 이 주부는 남편이 직장 때문에 힘들어하자 잠시 직장을 쉬라고 말했다. 남편은 재취업 자리를 알아보지 않고 트럭을 사서 이것저것 하려다 포기하고 만다. 그 후 지역사회 봉사단체, 조기축구회 등 여러 모임을 돌아다닌다. 아내는 봉사도 좋고 자기관리도 좋지만 기본적인 생활비는 벌어다 줘야 하는 것 아니냐고 답답해했다. 남편은 가정보다 모임 사람들이 좋은 것 같았다.

아내는 여기저기 돈을 빌리러 다니는데 어느 남편이 이런 모습을 좋아

할까? 하지만 그동안 관계를 쌓아온 모임에서 사람 만나는 일이 더 즐거운 눈치다. 자신이 문제라는 걸 알면서도 고치지 못하니 TV에 나와 다른 사람의 도움을 받으려 하는 것이다. 그만큼 이미 맺은 관계에서 벗어나는 건 어려운 일이다.

사람을 만날 때 완충지대를 설정하자. 그리고 아무리 친한 사이라도 서로간의 완충지대를 존중해주자. 우리는 사람에게서 완전히 벗어날 수는 없기에 그 완충지대가 바로 나에게 집중하는 공간이다.

과거에 안주하는 것은 편한 일이다. 익숙하기 때문이다. 시대는 변하는데 익숙함에 빠지면 망한다. 사람 관계 역시 마찬가지다. 늘상 만나던 사람만 만나면 보는 시야가 좁아진다. 익숙한 관계를 벗어나려는 노력을 해야 한다.

새로운 사람들이 주는 신선함은 맛보는 사람만이 알 수 있다. 처음에는 알아가는 과정에서 충돌을 겪거나 스트레스를 받을 수 있다. 이 역시 발전 과정이며 나에게 집중하는 데에 힌트를 준다.

TIP

당신의 대화나 관점, 범주가 거기서 거기라면 이제는 그 틀에서 벗어나 넓은 사람 속에 들어가자. 처음 만나는 사람 속에서 운명을 완전히 바꾸는 인연이 만들어질지 모른다. 익숙함을 버리고 당신의 사람 지도 밖으로 나와라.

Focus on me

배움이 깊어질수록 삶에 대한 애착도 강해진다

자신을 믿는다면 생각지도 못한
많은 일을 할 수 있다

··· 얼마 전 식당에서 앞접시를 달라고 했다. 잠시 후 앞접시를 갖다 주었는데 너무 커서 사용하기 불편했다. 또 큰 그릇이 두 개나 쌓여 있으니 '나를 먹성 좋은 여자로 보는 것 아니야?' 하며 공연히 남 눈을 의식하게 됐다. 이때 필요한 건 사용하기 좋은 작은 그릇이었다.

우리는 종종 사람을 그릇으로 비유한다. '그릇이 크냐? 작으냐?' 라고 말이다. 그릇이 큰 사람은 많은 걸 수용하고 받아들이는 사람이고 작은 사람은 소심하고 옹졸한 사람처럼 보인다. 하지만 식당에서 느낀 것처럼 어떤 크기든 저마다 쓰임이 있는 법이다.

그릇 자체는 문제가 없다. 그것을 쓰는 사람의 변화무쌍한 마음이 문제일 뿐이다. 우리 마음의 그릇도 크든 작든 쓰임이 있다. 크기에 눌리거나 사람들 평가에 주눅들 필요가 없다. 그릇의 크기보다 결국 그릇을 대하는 자신의 마음 차이가 중요한 것뿐이다.

미국 흑인운동사에 빠지지 않는 인물 프레더릭 더글러스. 노예제폐지 운동가, 신문 편집인, 연설가, 정치인, 외교관 등 다양한 역할을 수행한 그는 처음부터 유능한 인물이 아니었다. 태어날 때부터 아버지에 대한 기억은 없었고 어머니에 대한 기억조차 희미했다. 외할머니 손에 자라던 그는 여섯 살이 되던 해 농장에서 일을 시작했다.

어느 정도 나이가 들기 시작하며 휴라는 주인과 일을 하게 된다. 휴의 아내 소피아는 그에게 알파벳을 가르쳐준다. 하지만 휴의 강력한 반대로 곧 알파벳 교육을 중단한다. 당시 노예에게 글을 가르치는 건 매우 위험한 행동으로 인식되었다. 노예가 글을 알면 다루기 곤란해진다고 생각했기 때문이다.

하지만 그 짧은 배움으로 더글러스의 인생은 송두리째 바뀌었다. 자유를 획득하기 위해 반드시 글을 배워야겠다고 다짐한다. 그는 이후 길거리에 있는 백인 아이들에게 빵조각을 나눠주며 글을 배운다. 그 후 휴 집안에 있는 신문과 책을 읽었고 돈을 조금씩 모아 《미국의 웅변가》라는 책을 구입한다. 미국의 유명 연설문을 담은 이 책을 보며 더글러스는 차츰 자신의 꿈을 키워나간다. 배움이 깊어질수록 노예제의 부당함을 차차 이해해간다.

지식을 쌓아갈 때쯤 주인이 바뀌었다. 새 주인은 노예들에게 글을 가르치고 성경을 공부시키는 더글러스를 못마땅하게 여기고 순종적인 노예로 만들기 위해 노예조련사로 악명 높은 에드워드 코비라는 사람에게 훈련을 맡긴다.

에드워드 코비는 악명대로 노예를 혹독하게 다루었다. 매질도 심하게 했다. 글을 읽기 시작하며 삶의 희망을 겨우 찾은 더글러스는 심신이 약해져만 갔다. 어느 날 더글러스가 앓아눕자 코비는 그를 심하게 매질하며 다그쳤지만 더글러스는 일어설 수 없었다. 얼마 후 간신히 몸을 일으켜 새 주인에 갔다. 새 주인은 조련을 잘 받고 있다 생각해 코비에게 다시 보내버린다. 돌아온 더글러스를 본 코비는 다시 죽일 듯 매질을 했다. 죽음을 목전에 두고 더 이상 맞고만 있을 수 없었던 더글러스는 코비의 얼굴을 갈기며 싸움을 했다. 노예에게 얼굴을 맞은 코비는 총을 들고 와 더글러스를 쏘려고 하지만 멈추었다. 그리고 더글러스와 협상을 한다. "네가 얌전히만 있어준다면 나도 얌전히 있을게." 그렇게 싸움은 끝이 났다. 더글러스는 살아남을 수 있었다.

노예조련사 코비가 총을 쏘지 않았던 건 16살 노예와 싸워 패배해 총을 썼다는 불명예를 얻을 수 있기 때문이었다. 더글러스는 이때의 경험을 자신의 저서 《나의 속박과 자유》에 '자유로운 인간'이 되었던 순간이라고 묘사했다. 그전에는 수동적으로 주인이 정해주는 삶을 살았지만 이에 당당히 맞서자 일정한 자유와 통제권을 얻게 된 것이다. 한 번의 저항으로 자신의 능력을 깨달은 더글러스는 노예들을 교육하고 함께 농장을 탈출한다. 그리고 미국 흑인 역사상 많은 일들을 해낸다.

자신의 통제권을 남에게 주는 건 자살행위임을 깊이 깨달은 순간 알람

소리를 들은 듯 벌떡 자신을 일으켰다. 적극적으로 저항하고 쟁취한다면 많은 것을 이룩할 수 있음을 깨달은 것이다. 더글러스가 특별히 그릇 크기가 큰 건 아니다. 다만 그는 자신을 믿었고, 누구에게 의지하지 않고 스스로 삶을 개척하는 힘이 있었다. 자연히 다른 사람들은 그를 따랐고, 그가 만든 성공 방식으로 세상을 펼쳐나갔다.

하늘은 스스로 돕는 자를 돕는다. 노예제 폐지 역시 백인들의 구원에만 매달렸다면 이루어지지 않았다. 누군가 행동했기에 이루어진 것이다. 우리의 삶도 비슷하다. 남이 내 삶을 구원해주지 않는다. 내가 먼저 나를 구원해야 한다.

삶을 살아볼 가치가 있는 건 역전의 묘미가 있기 때문이다. 이 묘미를 알기 위해선 그릇의 크기를 고민하지 말고 그릇 활용을 고민할 필요가 있다.

인류 문학사에 큰 영향력을 행사한 극작가 셰익스피어. 그가 극작가 이전에 어떤 직업을 가졌는지 정확히 알 수 없다. 뱃사람들의 거친 말투를 정확히 알고 있어 뱃일을 했을 거라는 설도 있고, 종교적 사랑과 헌신을 생각하면 목회자 같기도 하고, 글 안에 말(馬) 생태를 생생히 담은 걸 보면 마구간지기였을 수도 있다.

정확한 직업은 알 수 없지만 분명한 건 그가 극작가 이전에 여러 경험을 했다는 사실이다. 만약 자기가 할 일에 대해 한계를 규정했다면, 또는 주변 사람이 '네 주제에 무슨 극작가냐.' 평가절하했을 때 스스로 위축되었다면 셰익스피어의 작품을 볼 수 없었을 것이다.

교육이론 중 우리 모두는 천재 자질을 타고났다는 설이 있다. 자라나는 과정에서 교육을 통해 깨우치면 된다는 것이다. 하지만 다양한 환경에 의해 오히려 천재성을 잃는다고 한다.

천재는 아니더라도 나에게 집중해 자기 분야를 개척하는 사람들이 있다. 우리는 이들을 고수라 부른다. 고수가 되는 방법은 삶을 단순하게 사는 것이다. 발레리나 강수진 씨는 집에서 지하철로 한 정거장 가면 있는 연습실에서 매일 12시간 이상 연습했고, 만화가 강풀은 만화 그리기에 들어가면 집 지하실에서 엉덩이에 피가 날 정도로 작품을 만드는 데 집중했다.

우리는 생각보다 많은 일을 해낼 수 있다. 복잡한 인간관계에서 잠시 한 발 물러나 자신에 집중하자. 인맥을 만들겠다고 여기저기 기웃거리는 것만큼 시간을 낭비하는 일은 없다. 나를 알고, 나에게 맞는 사람을 찾는다면 내게 적합한 인맥과 만나야 할 스승을 찾을 수 있다.

TIP

사람에게 많은 영향을 받는 게 우리다. 사람을 통해 나를 완성하거나, 나를 파괴할 수 있다. 이젠 사람의 영향에서 한 발 물러나 보자. 사람은 각자 개성대로 살기에 객관적으로 볼 필요가 있다. 거기서 배울 점만 얻어 가면 된다.

진정한
스승 만나기

· · · '사주팔자(四柱八字)'란 말을 들어봤을 것이다. 사주란 태어난 연월일시를 조합해 자신의 운명을 알아보는 명리학이다. 우리는 지구라는 별에 태어난 존재로 별의 영향을 받을 수밖에 없다. 사주팔자는 별의 연월일시를 계산해 데이터를 가지고 미래를 예견하는 통계이다.

시원한 글로 많은 팬을 확보한 칼럼리스트 조용헌 교수가 있다. 그는 신문 칼럼에 미래를 예견해주는 〈사주팔자를 바꾸는 방법〉이란 글을 기고해 많은 사람에게 회자되고 있다.

조용헌 교수가 말하는 사주를 바꾸는 방법을 이해하기 쉽게 풀이하면 다음과 같다.

첫째, 조상이 적선(積善)을 했거나 묘 자리가 명당이다.

둘째, 하루 100분 이상 명상을 한다.

셋째, 자신의 사주를 알고 운명에 맞게 산다.

넷째, 눈 밝은 스승님을 만난다.

다섯째, 독서로 자신을 업그레이드 한다.

이렇게 다섯 가지다. 첫째 방법은 조상의 영역으로 우리가 어찌 할 수 없다. 둘째 방법은 바쁜 현대인에게 100분 명상은 전문 명상인이 아니면 힘든 것도 사실이다. 세 번째는 사주에 관한 많은 문파와 설이 있어 내 사주를 정확히 알기 더욱 힘들다는 난점이 있다. 네 번째와 다섯 번째는 현대인이 실천할 수 있는 방법이다.

세상이 변해도 지식의 원천은 역시 독서다. 과거 경제의 고도성장기 때는 지식이 부족해도 기회가 넘쳤다. 누가 더 빠르고 추진력 있게 사업을 전개하느냐에 따라 승패가 갈렸다. 지금은 아니다. 지식이 있어야 한다. 당신이 알고 있는 성공한 사람을 살펴보라. 그들의 공통점은 독서가라는 점을 알 수 있을 것이다. 독서가 팔자를 바꾸는 방법으로서는 현실적인 대안이지만 실천은 역시나 개인 몫이다. 마지막 남은 건 눈 밝은 스승을 만나 배우고 스승을 통해 내가 좋아하는 일을 성취해 나에게 집중하는 방법을 익혀나가는 것이다.

사람을 통해 나를 알아가는 가장 최상의 방법은 눈 밝은 스승을 만나는 일이다. 스승이 있다면 시간을 벌 수 있다. 스승이 닦아놓은 길을 가면 되는 것이다. 제자는 스승을 보며 나를 만날 수 있고 스승 역시 제자를 보며 자신의 부족한 점을 알아간다.

문제는 눈 밝은 스승을 만나기가 어렵고, 스승 역시 '키워야겠다.' 느끼는 제자를 만나기가 쉽지 않다는 점이다. 여기에 천민자본주의가 들어오면서 둘이 만나기는 정말 어려지고 있다.

족집게과외가 비싼 건 1:1 학습이기 때문이다. 1:1 학습은 잘못된 부분을 단박에 집어준다. 시간을 아낄 수 있고 학생 개별 특성에 맞는 지도를 해줄 수 있다. 1:1 과외를 받으려면 수백만 원을 들여야 한다. 서민들은 접근할 수 없는 금액이다.

학생의 특성을 정확히 집어내는 유능한 스승을 만나려면 큰 대가를 지불해야 한다. 이 역시 감당할 수 있는 특정한 사람들만 할 수 있다. 스승 만나기는 쉽지 않다.

예전이나 지금이나 대학교수는 모두가 선망하는 직업이다. 교수가 되기 위해서는 배움의 깊이도 깊어야 하고 수많은 논문을 써야 하며 그럼으로써 주변의 인정을 받아야 한다. 그중에 사제지간의 관계도 **빼놓을** 수 없다. 이끌어주는 스승이 있어야 정교수 임용에 여러 가지 도움을 받을 수 있는 것도 사실이다.

몇 년 전 미국 대학에서 시간강사가 자살한 사건이 이슈가 되었다. 그

강사는 학기마다 재계약을 해야 하는 불안감과 언제쯤 정교수가 될지 모르는 불확실한 상황에서 출강을 했다. 그렇게 몇 년이 흐르다 보니 경제적으로도 심리적으로도 힘들어져 자살을 선택한 것이다.

비슷한 시기 언론에선 정교수가 되기 위한 로비 금액이 떠돌았다. 출처가 불분명해 신뢰할 수 없지만 구체적인 금액과 방법이 나와 있어 소문으로만 돌고 있는 정교수 취업 장사 실체를 간접적으로 알 수 있었다.

정교수 취업 장사 말고도, 체육특기생이나 미술, 음악 등 예술 분야 곳곳에서 뒷돈을 주고받는 뉴스를 매번 접할 수 있다.

속수지례(束修之禮)라는 사자성어가 있다. 묶은 육포의 예절이란 뜻으로 《논어》 술이 편에 나온다. 스승에게 가르침을 받을 때 제자가 주는 작은 선물이다. 스승은 속수지례 예절만 있다면 배우려는 제자를 마다하지 않고 가르침을 주었다. 어디까지나 과거의 미담일 뿐이다. 지금은 돈으로 엮여 있어 진정한 스승을 만나기가 쉽지 않다.

사람 관계에서 나를 찾기 위해선 진정한 스승을 만나야 한다. 좋은 스승을 만나기가 갈수록 어렵지만 스승을 만난다면 실력과 기회 모두를 잡을 수 있다.

나를 이끌어주는 스승을 만나기 위해선 멘토 강의로 유명한 고(故) 이영권 박사의 조언을 참고할 필요가 있다. 이영권 박사는 스승과 제자 사이의 오랜 시간에 걸친 교감을 강조한다. 서로가 서로의 비전을 알고 방향을 알기 위해서는 최소 1년 이상 지켜보라 말한다. 분위기에 들떠 스승이나 제자의 진짜 모습을 놓치지 말라는 조언인 셈이다.

1년을 지켜본 후 제자는 스승을 믿고 그대로 따라하고 때에 따라서는 스승의 아이디어를 자신의 것으로 변형해볼 것을 제안한다. 이 세상에 가장 못난 스승은 제자를 평생 붙잡아두려는 스승이고, 이 세상에 가장 못난 제자는 평생을 스승 곁에 있는 제자이다. 아름다운 헤어짐을 추구하는 게 진정한 스승과 제자의 관계이다.

천민자본주의가 개입되면서 눈 밝은 스승을 만나기가 어렵지만 그래도 스승을 만나 자신을 찾고 발전하는 사람 역시 다수 존재한다. 그들은 다음과 같은 방법으로 스승을 찾고 배운다.

첫 번째는 연결점을 찾은 후 들뜨지 않는다.

제자에게 스승은 환상 그 자체다. 스승과 연결점을 찾은 후 흥분해 들뜨는 사람이 있다. 마치 장밋빛 삶으로 곧바로 연결될 것처럼 말이다. 매우 위험한 행동이다. 시간이 흐르면 스승에게 원하지 않았던 모습을 볼 수 있는데 들뜬 상태에서 본다면 충격이 커진다. 차분하게 스승과 교류하고 연결점을 강화하는 데 집중하라.

두 번째는 지나친 금전적 요구나 일방적인 희생을 강요하면 의심보아야 한다.

완벽한 스승이라도 일방적인 희생을 강요한다면 의심을 보내라. 스승은 나보다 먼저 배운 사람일 뿐이지 내 목숨줄까지 쥐고 있는 사람은 아니다. 잘못하면 시간, 비용, 감정, 그리고 대인관계까지 큰 희생을 치를 수 있다. 또한 최근 사회적 이슈가 된 열정페이 문제의 당사자가 될 수 있다.

TIP

나에게 집중한다는 건 내가 좋아하는 일을 한다는 뜻이다. 좋아하는 일을 위해 이끌어주는 스승을 만나면 배우는 속도와 즐거움은 훨씬 빨라진다. 과거처럼 육포 하나에 진정한 스승을 만나기는 어려지고 있지만 나를 이끌어주는 스승을 진심을 다해 찾다 보면 분명 만날 수 있을 것이다. 스승이 없다고 슬퍼하지 말고 적극적으로 찾아보자.

관계마저 시장논리가 지배하는 세상,
전략가가 되어라

· · · 주말 오전에 카페에 가면 스터디 그룹을 쉽게 볼 수 있다. 영어 스터디, 문제풀이 스터디 등 그 분야는 다양하다. 대학생은 물론 직장인도 볼 수 있다. 나 역시 책을 쓰고 공부할 때 혼자 하는 것보다 스터디 그룹을 활용하는 게 도움이 된다.

최근 신종 스터디 그룹이 탄생했다. 사람을 만나기 위해 씻을 필요도 없고, 화장이나 옷도 차려 입을 필요가 없다. 언뜻 편리해 보이는 이 스터디는 바로 캠 카메라 스터디다. 각자 방에서 컴퓨터 캠으로 출석을 체크하고 스터디를 한다. 말을 많이 나눌 필요도 없고 딴 짓 안 하고 공부만 하면 된다. 이런 스터디그룹을 심층 인터뷰한 기사에서 어느 참가자는 "나가면 다 돈이다."란 말을 했다. 카페에 스터디를 하려 해도 교통비, 커피 값, 식사비 등 비용이 발생한다. 많은 참가자들이 비용을 아낄 수 있다는 점이 캠 카메라 스터디를 찾은 주요 원인이라고 입을 모았다.

사람 관계를 위해 돈이 드는 건 사실이다. 《한국의 부자들》이라는 책에서는 부자를 만나기 위해선 돈이 필요하다는 사실을 보여준 사례가 있다. 재산이 엇비슷한 친구끼리 골프를 치기 시작했는데 어느 순간부터 한 명을 빼놓고 놀기 시작했다. 자연스레 부동산 정보도 공유를 안 해주었다.

그 빠진 한 명은 자신이 잘못한 것도 없고 누구와 다툰 적도 없는데 왜 끼워주지 않는 건지 진지하게 고민을 해보았다. 그리고 그 친구들과 다른 점은 자신이 몰고 다니는 자가용밖에 없단 사실을 발견한다. 자동차에 별 관심이 없어 싼 자동차를 타고 다녔더니 친구들이 창피해한 것이다. 곧바로 중고로 고급 승용차를 뽑자 다시 친구들이 놀아주며 부동산 정보를 주었다고 한다.

관계에 돈이 필요하다는 사실을 잘 보여준 사례다. 이런 현상은 더욱 심해지고 있다. 관계마저 시장논리가 지배하고 있다.

초등학생 내에서 '아파트 계급' 관련 왕따 문제가 발생하고 있다. 아파트 브랜드나 종류에 따라 끼리끼리 노는 현상으로 최근 가격 낮은 아파트에 사는 친구를 왕따 시키거나 심부름을 시키는 등 모욕을 주는 일이 발생하고 있다.

이 역시 어른들이 아이들에게 심어준 교육이다. 어떤 아파트는 놀이터에 큰 공고문을 붙여 임대 아파트에 사는 아이들을 놀이터에 들어오지 못하게 하고, 아파트 집값 떨어진다고 통로를 이용 못 하게 하는 등 어른들이 나서서 간접적으로 차별을 교육하고 있다.

현실을 직시해야 대안이 나오는 법이다. 현실이 이렇다는 걸 인정하자. 나 역시 현실을 부정하거나 일방적인 비난을 할 생각은 없다. 비난이나 부정은 자신만 괴로울 뿐이다. 보다 전략가다운 자세로 관계에 접근해보자.

관점을 바꿔보자. 사람 관계가 시장논리로 이루어졌다면 똑같이 시장논리로 승리할 수 없다. 아무리 발버둥쳐도 한계가 있기 때문이다. 다른 방법으로 시장논리를 이겨야 한다. 자신만의 논리를 만들어 관계를 새롭게 규정하는 것이다.

통조림 하나로 세상을 뒤집어놓은 사람이 있다. 20세기 예술의 거장 앤디 워홀이다. 로버트 그린의 《유혹의 기술》에서는 시장논리를 극복하고 새롭게 사람 관계를 만든 앤디 워홀에 대해 심도 있게 다루었다.

앤디 워홀 역시 다른 예술가들처럼 예쁘장한 삽화를 그려 잡지에 게재하는 평범한 사람이었다. 어느 날 한 여자를 보고 사랑에 빠진 앤디 워홀은 그녀의 집을 찾아간다. 그녀의 어머니는 그를 친절하게 맞이했지만 그녀는 어머니 앞에서 그를 망신을 주고 쫓아낸다. 앤디 워홀은 붉어진 얼굴로 도망치듯 빠져나온다.

시간이 흘러 앤디 워홀이 첫 전시회를 열었다. 첫 전시회는 황당함 그 자체였다. 통조림이 그려져 있고, 콜라가 아무 연관 없이 그려져 있었다. 더 당황스러운 건 그의 행동이다. 보통 전시회를 열면 VIP에게 자기 작품을 설명하고 판매하기 바쁘지만 앤디 워홀은 구석에 앉아 멍하니 시간을 보냈다. 기자들이 작품을 설명해달라고 요청하면 그는 "내가 통조림을 워낙 좋아하거든요." 같은 말로 넘어갔다. 전시회가 끝나고 언론은 앤디 워홀을 새롭게 재조명했다.

'아무것도 규정하지 않으려는 규정.'
'대량생산 사회를 비판하고 새로운 시야를 제시했다.'

앤디 워홀은 그저 멍하게 있었을 뿐이지만 언론이 알아서 그를 칭송해 주었다. 첫 번째 전시회가 끝나자 허름한 공장을 구매해 개조했다. 그곳을 팩토리(공장)부르고 사람들을 초대했다. 초대한 사람들은 VIP로 유명인사들이었다. 첫 전시회에서 신비주의를 표방해 가뜩이나 궁금한 인물이 VIP만 초대하니 언론과 사람들의 관심은 폭증했다. 앤디 워홀의 명성은 점점 커져갔다.

팩토리 안에서도 그는 사람들을 반기거나 접대하지 않았다. 간단히 악수를 하고 전시회와 마찬가지로 구석에 가서 멍하게 있었다. VIP들은 그런 앤디 워홀에게 잘 보이려고 노력했다. 사람 관계의 법칙을 새롭게 정립한 순간이었다.

앤디 워홀은 기존 방식으로 자신이 성공할 수 없다는 걸 알고 있었다. 기존 방식을 전면 거부하고 새로운 사람 법칙을 만들어 전파했다. 일정한 수준에 오르자 숨으면 숨을수록 사람들은 그에게 열광했다.

우리도 앤디 워홀 같은 전략을 택해야 한다. 시장논리를 이기기 위한 자신만의 논리 말이다. 어렵다고 생각하면 어렵지만 쉽다고 생각하면 쉬울 수도 있다.

대중적으로 잘 알려진 사진작가 김중만 씨. 그는 선교사 아버지 덕분에 어릴 적부터 해외 경험을 쌓는다. 아버지의 추천으로 고등학교를 프랑스에서 다녔는데 연고도 없는 그곳에서 생활비를 벌기 위해 학교를 마치면 식당에서 설거지를 했다. 그는 설거지를 했을 뿐인데 신비한 학생으로 학교에 소문이 난다. 오후가 되면 사라지는 그를 보고 친구들은 갖가지 소문을 만들어냈다. 친구들의 상상력은 폭증해 그를 신비한 존재로 여겨 사진 모델을 자발적으로 해주었다.

만약 김중만이 친구들에게 잘 보이기 위해 남들과 똑같은 행동을 했다면 먹히지 않았을 것이다. 김중만보다 뛰어난 친구들이 많았기 때문이다. 다른 방법으로 사람 관계를 정립하니 새롭게 재평가 받은 것이다.

앤디워홀이나 김중만 씨의 이야기는 하나의 사례의 일뿐이다. 만약 당신이 남들이 갖지 못하고 있는 정보를 가지고 있거나 재주를 가지고 있다면 시장논리로 가득한 사람 관계 속에서 당신의 위치를 만들 수 있다. 당신의 것을 찾고 그것을 다른 전략으로 전개하라. 그렇다면 시장논리를 이길 수 있다.

TIP

관계마저 시장논리다. 돈이 없으면 사람을 만날 수 없다. 그렇다고 좌절하지 말자. 남들이 따라오지 못하는 당신만의 무언가를 갖고 있다면 시장논리를 이길 수 있다. 없다면 늦지 않았다. 찾고 정진해나가면 된다. 당신의 것을 찾아라. 그러면 사람 관계에서 상처받기보다 존경과 칭송을 받을 것이다. 당신의 논리로 시장논리를 이겨라.

사람 관계도
편집해야 한다

· · · 바쁜 현대인에게 필요한 것 중 하나가 우선순위를 정하는 능력이다. 업무는 물론 사람 관계에도
우선순위를 정하는 능력이 필요하다. 즉 사람 관계의 편집이 필요한 법이다. 모든 사람을 다 만나고, 다
좋은 관계를 유지하면 좋겠지만 시간과 비용, 감정에 한계가 있다. 편집을 통해 집중할 사람과 그렇지 않
을 사람을 구분해야 한다. 그래야 나에게 집중할 시간, 비용, 감정을 절약할 수 있다.

사람 관계를 채우기 위해선 우선 비워야 한다. 비우지 못하면 채워질 공
간이 없다. 편집을 통해 비워내야 한다.

술을 좋아하는 후배가 있다. 술만 먹으면 하던 이야기를 하고 또 하는
스타일로 가끔은 듣기 힘들어 도망 나온다. 후배가 이야기한 사람을 또 이
야기하고 또 이야기하는 것을 봐서는 화제의 중심인물을 비우지 못하고 있

음을 알 수 있다. 그 한 사람과 추억이 많음을 알 수 있지만 그 사람 말고 다른 사람 이야기를 해보자고 해도 여전히 술만 들어가면 화제 중심이 한 인물이 된다. 앞으로도 새로운 인물이 채워지기는 힘들어 보인다.

사람은 추억으로 산다지만 추억만으로는 살 수 없다. 비워내고 새로운 걸 채워 넣어야 한다. 지금부터라도 내 안에 있는 남을 비우고 나를 채워 넣는 게 어떨까.

과거와 결별해야 나를 만날 수 있다. 과거에 함몰되어 과거에 만난 사람들, 과거에 했던 삶의 패턴으로 살아간다면 과거에 머물 뿐이다. 나에게 집중하는 것 역시 과거를 거부하고 현재의 나에게 집중해 보다 나은 미래를 만들어가는 것이다. 과거와 결별하기 위해 가끔은 강한 수가 필요할 때가 있다. 특히 사람 관계 편집이 어려울 때 강한 수가 필요한 법이다.

대기업 R&D 부서에서 연구원으로 일하는 O 씨가 있다. 고등학교 시절 그는 소위 문제아였다. 술을 마시면 싸움하기 일쑤였고, 오토바이 사고로 몇 달을 입원해 몸에 큰 상처를 남겼다. 주변 친구들 역시 비슷한 처지였다. 모이면 끼리끼리인 삶의 연속이었다. 학교도 졸업하는 둥 마는 둥 공장에 들어간다. 성격상 동료들과 어울리지 못해 자주 이직했고 친한 친구들만 만나며 술로 시간을 보낸다.

어느 날 술도 덜 깬 상태에서 겨우 출근했는데 누군가 호통을 치고 있었다. 알고 보니 대학 나온 어린 관리직 직원이 삼촌뻘 되는 사람에게 일 똑바로 못한다고 야단을 치고 있는 것이었다. O 씨는 순간 정신이 번쩍 들었다고 한다. 시간이 흐르면 자기도 그렇게 될 수 있다고 강하게 느꼈다. 그는 퇴근하고 집에 돌아가 청춘을 탕진한 자신을 반성하고 야간반 재수학원에 등록한다.

그날 저녁 친구들을 모아놓고 대학에 가겠다고 선언한다. 친구들은 3년간 펑펑 놀았는데 무슨 공부냐며 놀리지만 O 씨는 속으로 '이것이 너희들과 마지막 술이다.' 다짐한다. 일이 끝나면 재수학원으로 달려갔다. 그 후 친구들은 계속 놀아달라고 연락했지만 O 씨는 딱 잘라 거절했다. 2년 후 원하는 대학 공과에 들어간다. 세월이 흘러 친구들 소식을 우연히 접했는데 여전히 특별한 비전 없이 그렇게 살고 있다고 한다.

과거와 과감히 결별하지 않으면 과거에 함몰되어 살아간다. 과거 습관을 버리는 것도 중요하지만 과거 사람과 결별하는 것 역시 중요하다. 쉽게 결별하지 못하면 독하게 편집할 필요가 있다.

사람을 무시하거나 차별하면 안 된다. 하지만 자신이 원하는 것이 있다면 때에 따라 관계를 버려야 할 때도 있다. 지금 당신이 매일 연락하는 사람들, 만나는 사람들을 살펴보라. 당신은 그 사람들 속에 딱 중간이다. 서로 수준이 맞고, 어울릴 수 있기에 그곳에 있는 법이다. 조금 더 업그레이드하고 싶다면 만나야 할 사람을 집중해서 만나고, 만나지 말아야 할 사람을 과감히 자를 필요가 있는 법이다.

샤넬은 편집을 잘한 여자다. 보육원에서 어린 시절을 보낸 그녀는 바느질을 배우며 디자이너의 기본기를 다진다. 예전이나 지금이나 프랑스는 패션제국이다. 실력 면에서나 명성에서 샤넬은 낄 자리가 없어 보였다.

그러나 샤넬은 남들 하는 대로 따라하는 데 시간을 보내지 않았다. 자신에게 집중했다. 특히 남들이 하는 바느질 방식을 거부하고 자신만의 바느질법을 연구하는 시간을 만들기 위해 사람 관계를 편집했다. 샤넬은 가수 시절부터 팁을 준다고 아무나 만나지 않았기에 모자 가게를 차려준 재력가 발상을 만날 수 있었다. 고객 역시 쉽게 만나주지 않았다. 당시 '나를 본 고객은 잃어버린 고객'이라 생각하고 신비주의를 고수하며 자신의 명성을 키운다. 그렇게 그녀는 실용적이면서 우아한 디자인을 내며 패션제국 중심에 들어간다.

패션제국 중심에 들어간 그녀는 더욱 사람 관계를 편집했다. 자신의 꿈과 비전에 부합하는 사람, 즐거움을 주는 사람을 편집해 상류층 인맥만 형성해 성공을 다진다. 일부에선 그녀를 기회주의자라고 비난했지만 지금은 여성 패션계의 큰 획을 그은 사람으로 평가한다.

남들이 만나는 사람을 똑같이 만나고 과거 방식에 젖어 있다면 스스로 삶을 옥죄는 것이다. 편집을 통해 벗어나자. 그리고 샤넬처럼 나에게 집중하도록 해보자.

사람을 통해 나에게 집중한다는 건 같이 꿈을 키워나간다는 것이다. 사람들은 '누구를 만나야 성공한다.', '어디 가서 인맥을 형성하라.' 등 조언을 한다. 하지만 기웃거리다 시간만 간다. 정확한 편집을 통해 실력을 쌓을 시간을 확보하고 내게 영양분을 제공해주는 사람을 만나야 한다.

사람 관계 편집을 잘하는 사람은 세 가지를 활용해 편집 능력을 높인다.

첫 번째, 인맥이 주는 단어의 이미지를 바꾼다.

뉴스에서 인맥에 얽힌 부정적인 사건을 많이 보도해서인지 인맥을 활용하는 게 부정적인 것으로 왜곡되어 인식되는 추세다. 모르는 게 있으면 사람을 통해 배우고, 더 많은 정보가 있는 사람에게 물어보는 것 역시 인맥 관리이다. 그리고 사람을 통해 동기부여를 받는다면 그것 역시 인맥 관리이다. 발전적인 관점에서 인맥을 봐야 한다.

두 번째, 목적을 정확히 정해라.

시간과 비용에는 한계가 있다. 사람 관계를 편집할 때 목적을 정확히 설정해라. 목적이 정확하다면 만나는 이유, 만나지 말아야 하는 이유를 알고 실천에 옮길 수 있다. 사람 만나는 목적을 수시로 점검해라.

세 번째, 정확한 도움을 요청해라.

상대는 나를 모른다. 내가 무엇을 원하는지 말이다. 막연한 사교를 위해 만나는 거라면 상관없지만 특별한 시간을 쪼개서 사람을 만나는 거라면 정확한 도움을 요청하자. 처음부터 거절을 걱정하면 시도조차 못한다.

TIP

사람 관계 속에서 기웃거리다 시간만 보내는 사람이 많다. 편집을 통해 조금 더 발전적으로 만나자. 그리고 확보한 시간과 비용, 감정을 나에게 집중하는 것이다. 자를 걸 잘라내면 얻는 것이 많아진다.

집중,
세상과 결별하지 않고
나에게 집중하는 법

평범할수록
더 큰 꿈을 꾸어라

・・・ 숨 쉬는 것도 돈을 내야 하는 시대가 왔다. 중국에선 급속한 산업화로 공해가 심해져 맑은 공기를 마시기 위해 돈을 내고 있고, 직장인이 많은 서울 한복판에는 스트레스를 줄여주는 산소 방이 보이기 시작했다. 현재까지는 돈 주고 숨 쉬는 이유가 건강을 위해서지만, 미래에는 일상생활을 위해 돈을 주고 숨을 쉬지 않을까 생각한다. 자본주의에선 돈으로 가치를 매기기 때문에 산소가 귀해지면 이 역시 돈으로 구매해야 한다.

돈으로는 산소도 살 수 있다지만, 돈이 모든 것에 절대필요조건은 아니다. 돈 없이도 자연인이 되어 누구보다 행복하게 사는 사람도 있고 몇 조 원이 있어도 건강과 가족을 잃어 슬퍼하는 사람이 있다. 삶에서 돈은 어디까지나 상대적이다.

돈과 꿈의 상관관계를 생각해보자. 꿈을 이루기 위해 돈에 좌우되는 현실을 보면 안타까울 때가 있지만, 돈이 있다면 꿈을 이루는 데 확실히 도움이 된다. 위로 올라가는 사다리가 줄어들고 부가 부를 만들어내는 상황에선 돈이 있다면 꿈을 이루는 데 유리하지만, 꿈꾸는 데는 돈이 들지 않는다. 상상하는 건 어디까지나 자유이기 때문이다. 누군가 대통령을 꿈꾼다고 돈을 달라는 사람은 없다. 꿈은 아무리 커도 무료다.

평범하게 사는 게 어렵다고 아우성인 세상이다. 맞다. 갈수록 평범하게 살기가 어려워지는 현상을 매일 목격하고 있다. 기술은 진보하고 지식인은 늘고 있는데 왜 우리는 갈수록 살기가 어려워지고 있을까.

평범하게 살기 위해선 두 가지가 필요하다. 하나는 적정 수준의 교육이고 다른 하나는 질 좋은 일자다. 이 두 가지 요건을 충족하기가 날이 갈수록 힘들어지고 있기 때문이다. 좋은 교육을 받기 위해선 돈이 필요하다. 즉 돈을 벌기 위해 돈을 써야 하는 이상한 구조가 고착화되고 이는 당연시 여겨지고 있다. 또 질 좋은 일자리는 갈수록 줄어들고 있다. 평범하게 살기 위해 필요한 교육과 일자리가 줄어들고 있으니 평범한 삶조차 영위하기 어려워지는 것이다.

얼마 전 모임에서 누군가 "요즘은 빚 없는 게 부자다."란 말을 했다. 정말 그런 것 같다. 신혼부부가 처음부터 부모님 도움 없이 아파트를 장만해 결혼하려면 대부분 빚으로 시작한다. 평균진학률 80%가 넘는 대학 역시 500만 원이 넘는 등록금을 대부분 대출받아 해결한다. 사회에 나오면 빚부터 갚게 된다. 좋은 일자리를 구하지 못하면 빚을 넘어 신용불량자가 된다. 정말 빚 없는 게 부자인 세상이다.

우리는 이런 세상에 살고 있다. 부정하고 싶지만 현실이다. 조금 더 연장해본다면 빚을 져야 생존이 가능한 세상인 것이다. 이런 상황에서 돈이 들지 않는 꿈꾸기마저 하지 않는다면 세상과 사람에 매몰되어 하루하루 연명할 수밖에 없다.

꿈을 크게 갖는다는 건 목표를 향해 마음자세를 새롭게 하고 집중력을 높이며 생활을 절제한다는 선포다. 평범하게 살기로 했다면 마음자세, 집중력, 절제 모두가 평범하게 머물고 만다.

삶을 번잡하게 사는 사람이 있다. 이것도 찔러보고, 저것도 찔러본다. 그러다 세월만 흐른다. 극적으로 자신에게 맞는 일, 즉 천직을 찾으면 다행이다. 10년, 20년 정진할 수 있기 때문이다. 나에게 집중하는 이유 중 하나는 정말 원하는 천직을 찾기 위해서이기도 하다.

대부분 천직을 찾을 때 초심자에 불과하다. 이때 평범한 꿈만 꾼다면 평범함에 머물고 만다. 자신의 천직을 평범하게 만드는 일이다. 반대로 큰 꿈을 꾼다면 돈 때문이든, 여러 가지 환경 때문이든 100% 그 목표를 달성하지 못하더라도 비슷하게는 가능하다. 목표의 크기에 따라 삶의 많은 부분이 나뉜다.

과녁을 조준할 때는 중앙부를 보고 쏜다. 즉 만점을 보고 쏘는 것이다. 애초에 5점을 조준하는 사람은 없다. 만약 5점을 보고 쏘는 사람은 정말 잘해야 5점이다. 만점을 보고 쏜다면 만점을 맞지 않아도 근처에는 도달할 수 있다.

나에게 집중할 때 가장 선행되어야 하는 게 더 큰 꿈을 꾸는 것이다. 과욕을 부리면 화를 입는다. 하지만 정직한 방법과 내 시간, 자원을 활용해 더 큰 꿈을 꾸는 건데 무엇이 문제인가. 탐욕은 화를 입을 수 있지만 정직한 욕심은 화를 입지 않는다.

동물보호 운동의 선구자이자 침팬지의 어머니 제인 구달. 그녀의 연구 성과를 보면 괜찮은 대학을 졸업하고 후원을 얻은 것 같지만 실상은 그렇지 않았다.

소녀 시절 제인 구달은 자연관찰이 좋았다. 특히 동물의 움직임 하나하나는 유독 호기심을 유발했다. 19살 되던 해 대학에 갈 형편이 되지 않은 제인 구달은 비서학교에 입학한다. 졸업 후 대학에서 회계와 행정 담당으로 근무하지만 언젠가는 동물과 관련한 일을 하겠다고 꿈을 꾼다. 또, 퇴근 후나 주말이면 박물관, 동물원을 찾아가 동물 관찰을 멈추지 않는다.

어느 날 친구가 자기 아버지가 사업을 하는 아프리카에 놀러오지 않겠냐고 제안을 했다. 그동안 박제되거나 우리 안에 갇힌 걸 본 게 전부인 동물들을 아프리카에서 보는 건 환상 그 자체였을 것이다. 제인 구달은 과감히 안정된 직장을 그만두고 아프리카로 달려간다. 오래 전 가슴에 담아둔 꿈이기에 과감히 행동할 수 있었다.

그녀에게 아프리카는 천국이었다. 하지만 생계 해결 문제가 다가왔다. 우선 아프리카 현지 무역회사에 취업한다. 아프리카에 왔고 생계를 해결했지만 무언가 부족했다. 그녀는 아프리카에서 동물을 연구하는 박사에게 무급이라도 좋으니 일을 도와주겠다는 편지를 쓴다. 자기홍보를 한 것이다.

편지를 받은 박사는 그녀의 열정에 감복해 일할 수 있도록 배려해준다. 무급이지만 열심히 일한 제인 구달은 연구원이 된다. 그 후 침팬지의 관찰과 행동양식을 기록해 우리가 알고 있는 제인 구달이 탄생한다.

제인 구달이 평범하게 살 기회는 얼마든지 있었다. 대학에서 행정원으로 살 수 있었고, 아프리카로 갔지만 취미 차원에서 동물 관찰을 할 수 있었다. 하지만 스스로를 평범함으로 몰지 않았다. 더 큰 꿈을 꾸게 하고 실천할 수 있는 것들을 실행했다.

우리는 평범하게 살 것을 강요하는 사회에 살고 있다. 좋은 일자리는 줄어드는데 학생들에게는 여전히 좋은 일자리를 가지라 교육하고, 누군가 튀어보려고 하면 응원하기보다 안 되는 이유를 먼저 설명해주고 있다. 이럴 때일수록 제인 구달의 삶을 참고해야 한다. 평범하더라고 큰 꿈이 있다면 원하는 삶을 실현시킬 수 있다.

TIP

사실 우리는 너무 잘 안다. 도전하고, 배우고, 정진하고, 절제하면 꿈을 100% 달성하진 못하더라도 근처라도 갈 수 있다는 사실을 말이다. 하지만 피곤하고 귀찮다. 또 더 큰 꿈은 번뇌를 준다고 교육받고 있다. 우리는 여기서 벗어나야 한다. 그 시작은 자신의 진짜 소명을 발견하고 소명을 최적화시키기 위해 큰 꿈을 꾸는 일이다. 꿈이라 해서 엄청난 부나 권력, 명성을 말하는 것이 아니다. 자기 스스로 만족하는 생활을 하고 스스로를 속이지 않고 큰 꿈을 향해 달려가는 나를 찾는 게 급선무다.

FOCUS ON ME

사람관계에 너무 치중하다 보면 자신을 잃는다.

잠시 동안만이라도
자신을 유폐시키고 혼자가 되어라

· · · 1년에 한 번뿐인 여름휴가는 직장인에게 특별한 이벤트이자 낙이다. 조금 특별한 여행을 떠나고 싶은 직장인은 휴가를 한 달 전부터 계획한다. 여행 당일 인천공항에서 멋지게 항공 티켓을 받아 사진을 찍고 모든 SNS에 글을 올리는데 마지막 한마디는 이렇게 장식한다. "힐링이 필요해."

사람을 자극시켜주는 건 3가지가 있다고 한다. 책, 여행, 사람이다. 그중에 하나인 여행을 잘 다녀오면 좋지만 생각보다 즐겁지 않았다고 말하는 사람도 많다. 그럼 좋은 여행은 어떤 것일까? 개인적 소견으로는 아래 세 가지가 충족되면 된다.

첫 번째는 호젓해야 한다. 일상생활에서 사람에 치이고 사는데 여행지에서마저 사람에게 치이면 더 지칠 뿐이다. 두 번째는 자연 경관이 좋아야 한다. 도시에서 콘크리트 건물만 보다 여행을 갔는데 더 거대한 콘크리트만 본다면 여행의 의미는 없다. 세 번째는 위대한 인물이 머물거나 있었던 곳이어야 한다. 홀륭한 인물의 숨결이 남아 있는 곳에서 자신과 조우하는 건 대단히 좋은 경험이다.

꼭 여행만이 아니라도 나에게 집중할 때 역시 호젓함이 필요하다. 주변이 번잡하고 말들이 끊임없이 흐르면 나에게 집중하지 못한다. 그래서 잠시 동안만이라도 자신을 세상과 유폐시키고 혼자 있기를 조언한다.

재미있는 입담과 자전적 고백 강의로 유명한 김창옥휴먼컴퍼니의 김창옥 대표. 성악을 전공한 목소리와 모델 못지않은 외모, 그리고 자기 고백적 진실성이 크게 반향을 일으켜 대한민국 대표 강사로 바쁜 시간을 보내고 있다. 대학을 졸업하고 스피치 강사와 보이스 컨설턴트로 이름이 알려진 그녀는 소통강사로 서서히 외부 출강을 나갔고 자신이 하는 말에 청중이 호응해주고 또래보다 앞서 나간다는 즐거움에 7년을 강사로 활약했다.

그런데 7년차에 접어들며 한계가 오기 시작했다. 강의하는 사람은 알 것이다. 현재 자신의 감정과 무관하게 무대가 원하는 감정을 쓰며 강의하는 게 강사라는 직업이다. 김창옥 대표 역시 아버지가 암 판정을 받은 날에도 웃으며 강의했고, 노사 갈등이 극한인 회사에서 웃으며 강의해야 했다. 그러다 지친 나머지 이제 더 이상 강의를 하지 않겠다고 마음먹고 고향인 제주도로 내려갈 생각을 한다. 하지만 강의를 하며 쌓인 부정적인 감정을 풀고 싶었다.

인연이 닿아 은퇴하신 신부님과 상담을 하는데 신부님은 침묵을 배우라고 조언한다. 김창옥 대표는 강사가 어떻게 침묵할 수 있느냐 되묻자 신부님은 프랑스로 여행을 떠나라 조언한다. 그리고 자존심에 대한 조언을 해준다.

"자존심의 꽃이 떨어져야 성숙의 열매를 맺을 수 있다. 언제까지 너 잘난 맛에 세상을 살 수 있을 것 같아. 침묵을 배워."

신부님의 조언에 따라 7년간 단 하루도 휴가를 주지 않았던 자신을 위해 2주간 휴가를 주고 프랑스 리옹 근처 수도원에 들어간다. 그곳에서는 매일 아침 침묵 속 산책을 한다. 어느 날 포도밭 산책로를 걷던 김창옥 대표는 조용히 눈을 감고 명상을 한다. 그리고 분명한 목소리를 듣는다.

"그래 여기까지 잘 왔다."

그 목소리를 듣는 순간 눈물이 핑 돌았다고 한다. 바로 내면의 진짜 목소리를 들었기 때문이다. 그리고 여기까지 잘 버텨온 자신을 더욱 사랑하게 되며 그 뒤로 강의는 더욱 성숙되었다고 한다.

다른 사람 이야기는 잘 들어줘도 자신과 대화는 사실 어렵다. 가장 부끄럽고, 가장 만나기 힘들기 때문이다. 김창옥 대표는 프랑스에 자신을 유폐시키고 자신을 만났다. 그리고 힘든 자신에게 위로의 한마디를 받고 다시 살아갈 힘도 얻는다.

사실 김창옥 대표처럼 홀연히 2주간 여행을 떠날 수 있는 사람은 많지 많다. 우리에겐 일상생활이 있기 때문이다. 우선 짧더라도 몇 분만 혼자 있는 시간을 만들어야 한다.

소위 마당발이라는 사람이 있다. 그들은 폭넓은 인맥을 자랑하며 사람을 연결하는 일을 통해 수입을 창출한다. 마당발은 사람을 만나야 생계를 이어간다. 그런 마당발이 아닌 이상 많은 사람을 만나기 위해 기웃거릴 필요가 없다.

혼자 있는 시간을 두려워하는 사람이 있다. 더욱이 함께하는 문화가 강한 우리나라는 학연, 혈연, 지연으로 많이 일들이 일어나니 벗어나 혼자 가기가 두렵다. 그렇지만 사람 관계에 치중하다 보면 자신을 잃는다.

우리 주변에 많은 1인 기업가가 있다. 혼자 모든 일을 해결하는 사람이다. 대표적인 인물이 공병호경영연구소 공병호 소장이다. 이름만으로 막강한 브랜드다. 공병호 소장은 골프를 치지 않는다고 한다. 그 시간에 자신의 본업인 글쓰기와 강연에 집중한다고 한다. 일정 시간 혼자 자신의 본질에 집중했던 시절이 있었기에 사람들이 알아서 찾아주고, 찾아온다.

나에게 집중하기에 혼자 있는 시간을 강조하는 이유는 여기 있다. 왕따가 되라는 게 아니라 홀로 자신의 필살기를 만들어 사람이 알아서 찾아오게 만들라는 것이다.

유명 관광지 호수를 안내하는 지인이 있다. 9시에 출근해 7시에 퇴근한다. 관광객이 많이 몰리는 곳이지만 왠지 여유 있어 보였다. 자연과 함께하는 직업이라 여유가 생긴 거라 생각하지만 그녀는 사람 때문에 힘들다고 말한다. 술 취한 관광객과 위험하게 뛰어다니는 어린이 관광객은 긴장의 끈을 놓을 수 없게 한다. 특히 남자 관광객의 불쾌한 농담은 마음을 크게 다치게 한다는 것이다.

스트레스를 어떻게 푸는지 물었다. 지인은 지금 있는 곳에서 푼다고 한다. 조금 일찍 출근해 조회 전까지 20분 정도 커피 한잔 마시고 호수를 구경한다, 매일 보는 호수지만 매일 작은 변화가 있다. 근무처지만 혼자 있는 시간인 셈이다. 이 짧은 20분이 15년 넘게 관광객을 상대해온 힘의 원천이라 말한다. 그녀는 그 20분을 방해하는 사람이 제일 밉다고 했다.

시간의 종류에는 크로노스 시간과 카이로스 시간이 있다고 한다. 크로노스 시간은 세상의 시간이다. 해가 뜨고 해가 지고, 출근하고 퇴근하는 시간이다. 반대로 카이로스 시간은 상대적 시간을 말한다. 사랑하는 사람을 기다리는 100분 같은 10분, 정말 하고 싶은 일을 했던 1년 같은 한 달을 카이로스 시간이라 볼 수 있다.

TIP

잠시 동안 자신을 유폐하라는 말은 카이로스 시간을 가지라는 말이다. 카이로스 시간을 통해 자신과 조우하자.

자기 철학을 만들고
뼛속에 새겨라

··· 위·촉·오, 삼국시대. 6살 된 육적은 태수 원술을 접견하는 자리에 나온 감귤 3개를 가슴에 숨겨 나오다 떨어뜨린다. 이를 본 원술이 왜 감귤을 숨겨 가느냐 묻자 어머니께 드리려고 그랬다고 대답한다. 원술은 어린 육적을 보고 감탄을 한다. 이 이야기가 바로 회귤고사(會橘古事)다.

어린 시절 영특함과 효심을 선보인 육적은 손권의 명에 따라 울림태수가 된다. 그는 태수 임기가 끝나고 배를 타고 오는 길에 바다에서 풍랑을 만난다. 육적의 짐이 너무 가벼워 배가 흔들렸을 정도로 육적은 청렴했다. 배가 흔들리는 것을 방지하고자 큰 돌을 실어 넣어야 했다고 한다. 이에 사람들은 육적을 칭송하며 이 돌을 '염석'이라 불렀다. 그 뒤로 염석은 청렴의 상징이 된다.

염석은 중심을 잡아주는 돌이다. 지금으로 말하면 평형수로 생각할 수 있다. 배가 좌우로 움직일 때 뒤집힐 수 있어 배 무게중심을 낮춰 복원성을 유지한다. 배에 평형수가 없다면 작은 풍랑에도 뒤집혀 재난이 일어날 수 있다.

나에게 집중할 때도 이 평형수가 필요하다. 세상이 만든 작은 풍랑 같은 구설수, 반대, 저항이 왔을 때 평형수가 없다면 쉽게 뒤집힐 수 있다. 삶에 있어 평형수는 자기 시선, 즉 자기 철학일 것이다.

가슴 뛰는 삶이란 자기 시선을 가지고 꾸준히 가는 삶일지 모른다. 자기 시선이 없다면 여기저기 휩쓸리다 세월만 가게 된다. 그러다간 후회만 남는다. 우리 삶은 일생이기 때문에 선택이 중요하다. 같은 노력을 해도 선택에 따라 많은 것이 달라진다. 자기 시선이 없는 사람은 선택의 순간 우왕좌왕할 수밖에 없다. 중심이 없으니 흔들린다.

종종 후배들에게 자기 시선의 중요성을 이야기하는데 대략 20대 후반 정도면 이를 이미 잘 알고 있다. 문제는 어떻게 자기 시선을 만들지 모르겠다는 것이다. 나 역시 자기 철학을 만드는 방법을 속 시원하게 말하고 싶지만 쉽지가 않다. 거짓 없이 자신과 조우해야 하고 어린 과거부터 파고들어야 하는 일이기 때문이다.

어렵다고 포기한다면 자기 시선 없이 삶을 잡동사니처럼 살 수 있다. 어렵게 얻은 것은 소중한 법이니 힘들더라도 다음을 참고해 자기 시선을 만들어보자.

유독 남에게 양보하기 싫은 것이 있다. 그만큼 욕심이 있다는 증거고 그 것을 사랑한다는 뜻이다. 고집은 남의 말을 안 듣는 것이지만 사랑하고 좋 아하는 것에 개선의 여지가 있다면 남의 말을 듣고 적용한다. 프라모델을 좋아하는 친구는 라면으로 끼니를 때우더라도 생동감 있는 프라모델을 만 들겠다고 정진 중이다. 또 게임만큼은 지기 싫은 프로게이머 임요한 선수 는 상상도 못할 기발한 전략으로 승리를 이끈다.

무언가에 대표성을 갖고 싶다는 건 열망한다는 뜻이다. 자기 시선은 강 한 열망에서 나온다. 이 분야에서만큼은 최고가 되겠다는 욕망이 자기 시 선이다. 그런 것이 없다면 경험하지 못하거나 진지하게 생각하지 않은 것 뿐이다. 또 지금의 직업에 10년 이상 몸담고도 대표성을 이루고 싶다는 욕 망이 없다면 순수한 생계적인 일이다. 다른 분야를 찾아 대표성을 갖추거 나 지금 하는 일에 의미를 부여해 대표가 되겠다는 마음으로 무장하라.

평생 추구할 방향이 있다면 자기 시선이 된다. 여러가지문제연구소 김 정운 교수는 평생 재미있게 살고 싶은 시선을 기지고 있고, 공병호 소장은 평생 쓸모 있음을 유지하고 싶은 자기 시선이 있다. 봉사, 평생 현역, 타인 성공 돕기 등 평생을 추구할 방향이 있다면 그것을 자기 시선으로 삼자.

네 번째, 물질 이상을 추구하는 것이 있는지 생각해본다.

큰 타격을 주는 손해가 아니지만 손해를 보고도 하는 일이 있다. 의식하지 않았지만 자기 시선이 있는 곳이다. 그리고 시간적 손해를 보더라도 추구하는 것이 있을 것이다. 자기 시선이 있는 곳이다. 심사숙고해 찾아보자.

다섯 번째, 결과보다 과정을 즐기는 일에 자기 시선을 찾을 수 있다.

자기 시선이 있는 사람은 결과를 염두에 두면서도 과정 자체를 즐기는 사람이다. 결과를 완전히 떠날 수 없지만 과정을 즐기는 일을 찾아보자. 과정에 집중한다는 건 눈에 보이지 않는 곳까지 완전무결을 추구한다는 뜻이다. 그곳에 자기 시선이 있다.

몇 년 전 뉴스에서 현대판 우공이산이 이슈가 되었다. 탕위임 주임은 중국 오지마을에 거주한다. 시내와 직선거리로 500m밖에 되지 않지만 100m 산이 가로막고 있어 마을 주민 1600명은 불편을 넘어 문명과 단절을 겪는다. 당장 수도가 안 들어오고 의료시설을 지원받기도 어려웠다. 마을의 어려움을 해결하기 위해 1995년 탕위임은 삽을 들었다. 그의 나이 마흔 때였다. 자리 잡고 평범하게 살 수 있는 나이였지만 마을을 위해 산을 파헤쳤다. 새벽부터 저녁 늦게까지 10여 명 가족이 함께했다. 이웃 주민들이 반대했지만 남의 시선을 신경 쓰지 않고 조금씩, 조금씩 산을 파헤친다. 그의 진지함과 성실함을 보고 가족들과 이웃들은 응원을 보내기 시작했고, 마을 주임(이장 격)으로 추대된다. 산을 파헤치기 위해 탕위임은 발파 작업에 사비를 털었다. 그 비용이 17억 정도였다. 결국 17년 만에 평탄 작업까지 마쳐 시내로 이어진 도로를 완성했다.

1600명 이웃을 위해 17년간 우공이 되어 산을 파헤친 것이다. 확고한 자기 시선이 없다면 불가능했던 일이다. 자기 시선을 깊게 새기지 않았다면 이웃들이 반대했거나 17억이라는 큰 비용이 발생했을 때 많이 흔들렸을 것이다.

자기 시선은 쉽게 만들어지지 않는다. 자기와 진실한 시간을 보내고 충분한 소통을 한 후에 생기는 나만의 우주관이다. 갈수록 여러 가지 유혹이 생기면서 우주관을 파괴하는 일이 비일비재하다. 그래서 뼛속 깊이까지 새기지 않으면 유혹에 넘어가 자기는 없고 허상에 사로잡혀 세월만 보내게 된다.

인생은 짧다. 체력과 열정, 창의력이 받쳐주는 시기는 짧기만 하다. 이 시기 흔들리지 않고 나만의 길에 모든 것을 바쳐야 원하는 삶을 살 수 있다. 하지만 자기 철학이 없다면 삶은 공허할 뿐이다.

TIP

자기 시선을 만드는 다섯 가지 방법 외에 독서, 멘토, 여행, 만남으로 자기 철학을 만들자. 늦은 때란 없다. 최절정을 발휘하는 시기는 짧지만 우공이산처럼 꾸준히 하다 보면 원하는 삶을 살 수 있다.

하지 않을 것부터 찾으면
집중할 수 있다

· · · 한때 남자라면 해봐야 할 다양한 일들을 연예인 체험으로 보여준 프로그램이 인기를 끌었다. 예를 들어 '남자라면 자동차', '남자라면 요리', '남자라면 자격증', '남자라면 얼리어답터' 등 남자라면 해야 할 것을 방송한 것이다. 방송을 보며 세상이 원하는 남자의 기준이 무엇인지 생각해보게 되었다. 만약 모든 남자들이 TV에 나온 것을 시도해보려면 정상적인 생활이 불가능할 거라는 결론을 내렸다.

곳곳에서 만능을 예찬하는 시대다. 회사에선 능력 있는 커리어우먼이면서도 자녀에겐 완벽한 엄마, 자기계발 잘하는 발전적 여성, 여자들끼리는 경쟁하듯 S라인을 요구하고 있는 것처럼 말이다. 가능할 수 있지만 여러 마리 토끼를 잡으려다 모두 놓치고 만다.

집중한다는 건 무언가 포기하는 일이다. 만능을 예찬하는 시대에서 나에게 집중하는 건 나를 위해 무언가 버린다는 뜻이다. 버려야 나에게 집중할 수 있는 시간과 공간을 마련할 수 있다.

우리 주변에 천직을 찾고 흔적을 남기듯 최고의 경지에 올라가는 사람이 있다. 일명 고수들이다. 그들의 삶을 보면 지극히 단순하다. 여기저기 눈도장 찍기 위해 인사하러 다니지 않는다. 하지만 외롭지 않다. 실력을 존경해 사람들이 알아서 찾아준다.

고수라 해서 처음부터 남들이 알아서 찾은 것은 아니다. 많은 것을 버리고 일정한 시간 무명의 서러움을 겪으며 집중 연습 했던 시간이 있다. 이 시기를 서양에선 1만 시간의 법칙이라 하고 동양에선 40년 직업주기라 한다. 10년 일하면 입문(入門), 20년 일하면 고수, 30년 일하면 제자 양성, 40년 일하면 일가(一家)인 셈이다.

1만 시간 동안 번잡함을 버리고 집중하는 것이고, 40년 동안 삶을 단순화해 한 길만 가는 것이다. 무언가 흔적을 남기는 사람은 시간과 비용, 감정, 인간관계의 조공을 바쳐 고수가 될 수 있는데 그 첫 번째 작업이 바로 하지 않을 것을 찾는 일이다.

짐이 무거우면 절대 멀리갈 수 없다. 꼭 필요한 것만 가볍게 가져가야 오래갈 수 있다, 1만 시간 법칙이든, 40년 직업주기든 결국 장거리 레이스다. 오래 가려면 하지 않을 것을 버려야 한다는 것을 기억해야 한다.

출판만화 이후 새롭게 등장한 만화가 웹툰이다. 한국 웹툰은 세계에 수출할 수준이며 웹툰 작가 인기는 하늘을 찌른다. 웹툰 작가 중 스타를 뽑으라면 단연 〈마음의 소리〉 조석 작가다. 그는 네이버에서 10년째 연재하고 있다. 10년은 짧지 않은 시간이다. 초등학교 때 그의 만화를 보기 시작한 사람은 어엿한 어른이 되어 있고 여전히 연재중이라 세월은 계속 쌓여가고 있다. 〈마음의 소리〉는 매주 2번 연재하는데 조석 작가는 단 한 번도 연재가 늦거나 휴재를 한 적이 없다.

1000화를 맞이해 그의 삶을 인터뷰한 기사가 있다. 그의 일주일은 너무나 단순하다. 토요일 콘티(만화 스토리)를 짜고 월요일 콘티를 보강한 후 만화를 그린다. 화요일, 수요일 역시 콘티를 짜고 만화를 그린다. 목요일만 인터뷰나 다른 일을 보고 금요일부터 일요일까지 다시 콘티를 짜고, 만화를 그린다. 그의 일주일이다. 일반인들이 볼 때 단순하고 단조로운 삶이다. 조석 작가는 인터뷰에서 "만약 디즈니랜드를 통째로 빌려주고 놀라 해도 거기서 담배 한 대 피고 집에 돌아와 다시 콘티를 짤 거다."라고 말했다.

이 세상에 재미있고 즐거운 일이 얼마나 많은데 저렇게 살까라는 생각이 들 수 있다. 나는 조석 작가의 삶이 옳다 그르다를 판단하는 게 아니다. 세상에 흔적을 남기는 사람의 삶을 말하는 것이다.

해야 할 일을 위해 무언가 버리는 건 당연하다. 세상이 만능을 예찬하고 있지만 정작 끝까지 살아남고 칭송받는 사람은 만능을 갖추려는 사람이 아닌, 버리고 집중했던 사람이다.

나에게 집중하고 실력을 향상시키기 위해 세상과 결별하라는 말은 아니다. 지금 하고 있는 일이나 생활에 번잡함을 줄이고 나에게 조금 더 집중하라는 말이다. 버려야 진공묘유(眞空謀猷)가 나온다. 비움은 아무것도 없는 게 아니라 들어올 수 있는 공간을 만드는 일이다. 버리지 않으면 들어올 공간이 없다.

공간 확보를 위해 하지 않을 것부터 찾아보자. 이것저것 욕심내지 말고 나만의 필살기에만 집중하는 것이다. 못하는 일에 평균이 되기 위해 투자하는 것만큼 미련한 것도 없다. 잘하는 걸 더 높은 수준으로 올리는 게 필살기를 마련하는 일이다.

우리나라를 대표하는 작가 하면 조정래를 꼽을 수 있다. 학생 때 문학을 좋아했던 사람이라면 조정래의 《아리랑》, 《태백산맥》, 《한강》 정도는 읽어봤을 것이다. 조정래 작가의 필살기는 글쓰기다. 고령의 나이에도 여전히 글을 쓰고 있고 '매일 무능함에 제례를 치른다.' 라며 자신을 채찍질하고 있다. 대가의 삶을 살고 있는 조정래 작가의 삶 역시 단순 그 자체다. 오전 6시에 일어나 운동과 식사를 하고 7시부터 글을 쓴다. 12시부터 2시까지 식사를 하고 낮잠을 잔다. 14시부터 다시 오후 19시까지 온 힘을 다해 글을 쓴다. 잠깐 소파에 누워 있다 저녁식사를 한다. 다시 23시까지 글에만 집중한다. 생활에 번잡함이 없다. 그리고 원고를 쓸 때는 폐관수련하듯 글을 쓴다. 사람을 만나거나 무엇을 배우러 다니지 않고 오직 글에만 집중한다.

조정래 작가는 술을 끊었다고 한다. 한때 말술을 마시는 주당이었으며 술이 주는 즐거움을 알지만 술을 먹으면 술 먹은 당일, 머리가 맑아지기 위한 3일을 보낸다. 그래서 술 한잔하면 4일을 버린다고 말한다. 이것을 10번 하면 40일로 책 한 권을 쓸 시간이라 도저히 술을 먹을 수 없다고 한다.

글 쓰는 데 집중하기 위해 조정래 작가는 많은 것을 버렸다. 세상이 주는 즐거움들, 인간관계, 술도 버려 대한민국 대표 작가가 될 수 있었다. 결국 무언가를 시작하는 게 아니라 무언가 버리는 게 중요하다.

하지 않을 것을 하지 않는다는 건 현명한 일이다. 더욱이 꼭 무언가 해야 한다는 강박관념에 사로잡힌 현대에서 무언가 하지 않는 건 용기다. 많은 사람들이 잡동사니 같은 삶을 사는 이유는 무언가 꼭 해야 한다는 편견과 타인의 눈치를 이기지 못해서다.

피터 드러커는 일류에 대해 다음과 같은 말을 했다.

"일류의 사람, 상품에는 그만의 아우라가 있습니다. 그것은 오랫동안 평범하지 않은 노력과 고민이 지속적이게 쌓인 결정체입니다. 따라서 매우 깊고 무겁습니다. 인간으로서 훌륭한 빛을 냅니다. 그러한 자리에 오른 사람은 한 가지를 마스터한 달인이기 때문입니다."

TIP

잡동사니 같은 지식과 기술을 가진 사람도 가치 있지만 아우라 또는 후광은 버리고 한 가지에 집중하는 사람에게 나온다. 우리 모두는 각자 생각하는 성공적인 삶의 모습이 있다. 멀티플레이 같은 삶을 꿈꾸더라도 나만의 필살기가 있을 것이다. 하지 않을 것부터 찾아서 필살기를 더욱 예리하고 완벽하게 다져라.

힘들면 내려놓고,
방황해도 괜찮다

··· 괴테는 《파우스트》에서 신의 입을 빌려 이런 말을 한다.

"인간은 노력하는 한 방황하는 법이다."

앞으로 나아가려 하고, 무언가 이룩하고 싶은 사람에게 방황은 필수다. 아무것도 하기 싫고, 발전하기 싫은데 무엇 때문에 방황하고 고민하겠는가. 그래서 방황한다는 건 잘 가고 있다는 증표가 될 수 있다.

20대 청춘에 관한 만화를 본적이 있다. 21살 대학생인 주인공은 등록금을 갚기 위해 틈나는 대로 아르바이트를 하고 있다. 아르바이트가 끝나면 수업을 듣고 과제를 한다. 잠이 늘 부족하다. 힘없이 축 처진 어깨를 하고 길을 가는데 누군가 말한다. "청춘은 특권이야. 뭐가 힘들다고 그래." 놀라서 어깨를 펴고 졸린 눈을 비벼가며 참는다. 하지만 아르바이트, 과제에 힘이 든다. 또 어디선가 말이 들린다. "20대가 왜 그래. 돌도 씹어 먹는 나이에.", "내가 그 나이 때는 말이야." 청춘은 힘들면 안 되고, 늘 건강해야 된다고 눈치를 준다. 21살 대학생은 청춘이 죄라며 만화를 마친다.

청춘도 힘들고, 지친다. 다른 사람도 마찬가지다. 힘들면 쉴 수도 있고, 길을 모르면 방황할 수 있다. 하지만 만화에서처럼 우리 사회는 쉬거나 방황하는 걸 용납 못할 때가 있다. 비단 청춘 이야기만이 아니라 아플 수도 없는 중년, 슈퍼우먼 워킹맘 등도 방황하는 걸 용납 안 하는 분위기에서 살고 있다.

우리는 학창시절 사고하는 훈련을 체계적으로 배우지 못했다. 체계적으로 사고하는 훈련인 논술 역시 수능이 끝나고 반짝 배우거나 아예 배우지 못하는 경우도 허다하다. 말하기 역시 체계적으로 배우지 못했다. 암기 위주와 경쟁 위주 공부로 사고하는 훈련은 어릴 적 배우지 못한다. 체계적으로 사고하는 훈련이 약하므로 무언가 결정할 때 최적화, 합리화 결정이 쉽지 않다. 훈련을 못했기에 방황은 당연한 존재다. 결정할 때 체계적이지 못했을 경우 시간을 갖고 충분한 생각을 하는 게 방황이다. 방황은 최적화, 합리화 결정에 꼭 필요하다.

방황이 없다면 성숙은 존재하지 않는다. 매일 앞만 보고 달리는 사람은 반성이 없다. 반성과 방황이 없으면 본질을 보지 못하고 껍데기만 볼 수밖에 없다. 방황하는 사람은 결국 본질을 읽고 문제를 해결한다.

방황하기 위해선 잠시 내려놓아야 한다. 탐욕이 많은 사람은 내려놓을 수 없다. 이것저것 챙겨야 하기에 방황할 틈이 없다. 무엇에 집중하고, 무엇에 투자해야 할지 모른다. 결국 모든 걸 다 놓치게 되어 있다.

《인생편집》,《내면지능》 등 인생을 편집자의 관점으로 전개한 서정현 작가가 있다. 모 잡지사 편집장이면서 자기계발서 작가이기도 하다. 2년 전만 해도 여러 권의 책을 펴내며 독자에게 다가갔다.

특히 여자들을 위한 책 중에 20대 《나만의 스토리로 승부하라》, 30대 《잘나가는 여자 서른을 디자인하라》, 40대 《더 늦기 전에 더 잃기 전에 꼭 알아야 할 것들》을 펴내며 20~40대 여성들에게 인기를 끌었고, 2014년 우수출판콘텐츠 당선작인 《적자생존》을 통해 글쓰기와 책 쓰기의 중요성을 깊이 알려주었다.

어느 순간부터 신간이 출간되지 않고 있다. 개인적인 인연이 있어 연락을 해보니 잠시 절필을 했다고 한다. 서정현 작가는 잠시 방황의 시간을 갖고 싶었다고 한다. 1년 넘게 그녀는 신간을 선보이지 않고 있다. 스스로 절필한다는 건 작가로서 어려운 일이지만 자기 성숙을 위한 일인 만큼 그녀의 신간은 더 깊고, 더 내공이 있을 거라 생각한다.

힘들면 내려놓을 수 있고 방황할 수 있다. 서정현 작가 같은 프로들도 방황하고 내려놓는데 평범한 우리 역시 이런 시간이 꼭 필요한 법이다.

자동차의 핵심기술은 두 가지다. 하나는 달리는 것이고, 하나는 멈추는 것이다. 최근 시속 600km 자동차를 발명했다고 한다. 달리기만 한다면 자동차가 아니다 600km라도 멈춰야 한다. 멈춤이 바로 방황이다. 속도와 빠름을 예찬하는 시대지만 멈추는 것 역시 중요한 기술임을 알아야 한다.

방황의 관점을 바꿔보자. 인생 전 연령 때에 잘나가는 사람은 존재하지 않는다. 누구는 소년등과로 어린 나이에 성공하지만 이를 70대 때까지 연결하기 힘들고, 반대로 젊은 시절에 고생하다 이를 자양분으로 50이 넘어서 빛을 보는 사람이 있다. 그래서 인생은 알 수 없다고 하는 것 같다. 또 지금 모습이 어렵고 힘들어도 역전의 묘미가 있는 게 우리 삶이다.

지금 당장 엎치락뒤치락하는 것에 답답해하지 말자. '잘살았다, 못살았다.' 평가는 끝에 가서하는 법이다. 조급함을 내려놓고 방황을 좀 해보면 어떨까. 지금 하고 있는 방황 끝에 내린 결정이 상상을 초월하는 성과를 낼 수 있는 법이니 말이다.

세상은 빠르게 변한다. 변화의 속도를 생각하면 내려놓고 방황하는 건 역설적으로 들릴지 모른다. 더욱이 앞만 보고 달려왔는데 자신이 몸 담은 직종이 사양 산업이거나, 트랜드를 못 따라가거나, 매출이 못 따라가 억울할 때가 있다. 열심히 했건만 보상이 없다. '포기해야 하나, 말아야 하나' 고민도 깊다. 이때 멈추어 서서 갈림길을 다 열고 응시할 필요가 있다. 즉 방황이다. 응시하니 방황의 길이 보인다. 멈추지 않으면 지금 상황을 제대로 볼 수 없는 법이다.

방황에 면죄부를 안 주는 사회다. 빠른 성공, 빠른 결론을 최우선으로 생각한다. 이럴 때일수록 스스로 방황할 줄 알아야 한다. 특정 문제에 봉착했을 때 의외의 곳에서 해결책을 찾는 경우는 허다하다. 그래서 낯선 곳, 낯선 시간에 자신을 놓는 것도 좋은 일이다. 이런 곳에서 자아와 진정한 조우가 가능하다.

힘들면 내려놓고, 방황해라. 그래야 보인다. 경주마처럼 양 옆 시선 다 가리고 달리기만 한다면 단거리는 승리할 수 있어도 오래가지 못한다. 넓게 보아야 해결책도 많은 법이다.

TIP

뜻이 있는 방황과 내려놓음의 끝은 생산적이다. 괴테의 말처럼 방황은 노력한다는 증거이기 때문이다. 방황을 통해 내려놓음과 낯섦 그리고 해결책을 찾아보자. 진정한 방황은 나에게 집중할 수 있는 방향, 시간, 목표를 재점검해준다.

FOCUS ON ME

자신의 영혼을 깨우고 자극하는 사람이 되자.

더 멀리서, 수면 위에서,
자신을 돌아보라.

· · · 일반인은 한 푼도 사용하지 않고 모아도 못 만져볼 돈을 가진 사람이 자살했다는 뉴스를 볼 때가 있다. 무엇이 부족해서 극단적인 선택을 했는지 궁금하고 행복의 기준이 무엇인지 다시 생각해보게 된다. 하루 3000원 버는 폐지 줍는 할머니가 1000원을 기부하며 행복해하고 몇 십억 재산이 있어도 세무서 직원 앞에 벌벌 떠는 모습을 보면 행복을 느끼는 기준은 천차만별이란 생각이 든다.

조선 지식사에 큰 공을 세운 사람 중 다산 정약용을 빼놓을 수 없다. 정치싸움에 밀려 강진으로 유배가는 길에 "이제야 겨를을 얻었다." 하던 다산. 그동안 정치싸움과 업무에 시달려 하지 못했던 일을 이제야 할 수 있다고 생각한 것이다. 그의 행보 역시 당당함을 놓치지 않았다.

당시 유배는 자비로 해야 했는데 돈이 없었던 정약용은 주막 주인과 딸의 도움으로 주막에 몸을 맡겨 방 한 칸을 빌리고 사의재(四宜齋)란 이름을 걸었다. '사의재'는 마땅히 행해야 하는 네 가지를 말한다. '맑은 생각, 단정한 용모, 과묵한 말씨, 신중한 행동'으로 죄인이지만 절개를 잃지 않았고 당당함을 잃지 않았던 것이다. 시간이 흘러 백련사로 가는데 불교를 탄압했던 유교가 국교이기에 유학생 정약용을 스님들은 미워했다. 이때도 정약용은 방에 "언젠가 은혜를 갚겠다."며 보은산방(報恩山房) 현판을 걸고 공부에 집중한다. 역시 절개를 잃지 않는 모습이었다. 다시 절에서 나온 정약용은 다산초당으로 몸을 옮기고 독서와 저술, 제자 양성에 집중한다. 18년 동안 그가 펴낸 책은 530여 권으로 상상을 초월하는 수치다. 척박한 환경에서 정약용은 큰 일을 해낸 것이다.

최고 권력을 누리다가 연고도 없는 유배지에서 유배가 풀리기까지 살아남은 건 물론 저술을 할 수 있었던 것 역시 자신을 제대로 볼 줄 알았기 때문이다. 지금 위치를 한탄하거나 억울해했다면 저술 활동, 독서를 하지 못했을 것이다. 또 《목민심서》 같은 시대를 뛰어넘는 고전은 탄생하지 않았을 것이다.

경중의 차이가 있을 뿐 삶의 굴곡은 누구에게나 존재한다. 뜻하지 않게 떨어질 때 자신의 위치를 비관하거나 억울해하지 말아야 한다. 정약용처럼 그 안에서 최적화된 삶을 찾아야 한다. 나에게 집중하는 이유 역시 지금 처지나 위치를 비관하지 않고 최적의 행보를 찾는 데 집중하는 것이다.

다산처럼 유배지에 가서도 최적화된 행보는 다양한 프레임에서 나온다. 만약 다산이 '잘나가는 인생만 있다.'는 프레임을 갖고 있었다면 강진

유배는 재앙을 넘어 목숨까지 위태롭게 했던 상황이었다. 굴곡진 삶에서 뜻대로 되지 않을 때 잠시 수면 위로 올라가 자신을 보고 더 멀리서 자신을 관찰한다면 또 다른 기회가 열릴 수 있다. 중요한 건 냉정을 잃지 않는 것이다.

작은 병아리 부화장에서 시작해 큰 사업을 일군 K 대표가 있다. 어려운 집안 형편으로 대학을 가지 못하자 돈도 벌고 재수학원에 다니기 위해 친구랑 무작정 서울로 올라간다. 돈을 벌기 위해 막노동을 했지만 비가 오면 돈을 못 벌고, 겨울이면 일을 하지 못했다. 어떻게 하면 돈을 벌수 있을까 고민하다 우연히 미용실 간판을 보게 된다.

서비스업인 미용실인데 간판이 지저분하니 머리 깎기 전부터 불쾌했다. 이때 간판을 닦으면 돈을 벌겠구나 하는 데 생각이 미친다. 돈을 모두 털어 리어카와 대걸레, 대형 바가지를 구매해 간판 닦는 일을 시작했다.

지금까지 없던 직업을 만든 K 대표는 박리다매 형식으로 두 달 만에 큰 돈을 번다. 하지만 트럭까지 갖춘 경쟁업체가 생기자 승산이 없다 결론 내리고 간판 닦는 일을 접는다. 재수학원 등록비는 물론 대학등록금까지 낼 수 있는 돈으로 무엇을 할지 친구와 고민했다. 친구는 다시 막노동꾼이 되겠다고 선언한다. K는 자신을 객관적으로 보기 시작했다. 자신을 부자로 이끌어 줄 건 비가 오거나, 겨울이면 쉬어야 하는 막노동이 아니라 지식을 바탕으로 일하는 직업이라 판단했다. 고향에 내려가 겨우겨우 지역에 있는 농과대학에 합격한다. 2년제 대학이지만 열심히 공부했고 지역에 이름 있는 병아리 부화장에 취업한다.

당시 병아리 부화장에서 일하는 사람이 대학을 나왔다는 건 획기적인 일이었다. 성실히 일했고 사장이 그를 키워주기 시작했다. 그렇게 서서히 자신의 입지를 굳히자 다시 자신을 수면 위에서 보기 시작했다. '부족한 것이 뭘까.' 고민하다 야간으로 4년 대학으로 편입한다. 야간대학에서 회계를 배운다. 달콤한 신혼생활과 회식을 포기했지만 졸업 후 회계까지 알자 더 승승장구한다.

시간이 흘러 영업직으로 옮기며 전국을 무대로 성실한 모습을 보였다. 육계시스템을 몸에 익히고 회계에 약한 부화장 대표들의 여러 고충을 해결해준다. 시간이 흘러 부화장 농장들이 조합을 만들어 K를 조합장으로 추대한다. 조합 역시 큰 이익을 내게 만들어놓는다. 조합을 성공시킨 자신감으로 고향으로 내려가 지금 사업을 시작한다. 불과 5년 만에 매출 100억이 넘는 기업을 일구며 승승장구 중이다. 이런 성공담을 지역 대학에서 강의를 하는데 누군가 결정의 순간 막노동으로 달려간 친구는 어떻게 되었는지 물었다. K 대표는 짧게 말한다. "지금도 막노동판에 있습니다."

직업에 귀천이 없기에 사업체를 운영하든 막노동을 하든 상관없지만 친구도 K 대표와 같은 결정을 했다면 그의 미래는 분명 달라졌을 것이다. K 대표는 20대 초반에 지속적으로 자신을 관찰할 줄 알고 결정의 순간 과감했던 자신에게 고마워하고 있다.

자신을 더 멀리서, 수면 위에서 보기 위해선 다양한 프레임이 필요하다. 프레임은 문제를 보는 눈을 말한다. 프레임 숫자가 적은 사람은 차 ㅏ밖에 보지 못한다. 만약 "돌격"이라는 프레임만 있다면 어떤 일이든 "돌격"을 외칠 수밖에 없다. 반대로 "우회", "뛰어넘기", "후퇴", "매복" 등 다양한 프레임이 있다면 자신을 관찰하는 데 도움이 된다.

K 대표는 당장의 돈벌이가 아니라 미래, 지식 등 다양한 프레임으로 자신을 지켜볼 수 있었던 것이다. 우리도 이처럼 다양한 프레임을 가지고 있어야 한다.

자신을 객관적으로 관찰하는 데 다양한 프레임을 만들기 위해선 먼저 이분법적인 사고를 버려야 한다. '흑' 아니면 '백' 이라는 생각은 다양한 프레임을 쌓는 데 방해가 된다. 침략도 많았고, 정치적으로 풍랑이 많았던 우리나라 사람은 이분법적인 사고를 좋아한다. '내 편' 아니면 '적' 이다. 우리나라의 다양한 문제점들은 이러한 이분법적인 사고에서 출발한다. 이제는 다른 것을 받아들이는 태도가 필요할 때다.

TIP

현재 처지를 비관하고 이분법적인 사고로 '좋다', '나쁘다'를 가른다면 성장하지 못한다. 자신의 현재 위치를 수면 위에서, 더 멀리서 지켜보자. 당신의 프레임 수대로 성장할 수 있고 프레임 수대로 위기를 극복할 수 있다. 프레임을 쌓기 위해 자신을 객관적으로 보자.

생각하고 또 생각하면
답은 반드시 나타난다

··· 프로 바둑계에서 바둑 종주국은 중국이고 세련되게 발전시킨 곳은 일본이다. 한때 한국은 변방에 있었다. 하지만 조훈현이라는 인물의 등장으로 한국 바둑은 당당히 한중일 세 나라와 어깨를 나란히 하고 있다.

　　조훈현 9단이 세계에 알려진 건 1989년 잉창치배 바둑대회였다. 대만 부호 잉창치가 거금을 들여 주관한 이 대회는 바둑 종주국 중국의 자존심이 걸린 대회로 중국과 일본의 잔치였다. 한국은 예의상 참가시킨 나라였다. 그곳에 조훈현은 배우겠다는 마음으로 참가했다. 그런데 기적처럼 조훈현이 결승에 올라 중국 기사 녜웨이핑과 결승을 두게 된다. 3판 5승의 치열한 섭선에서 조훈현과 녜웨이핑 기사는 각각 2승을 주고받는다.

1989년 9월 그들은 마지막 승부를 앞두고 있었다. 당시 중국과 수교가 이루어지지 않았고 무거운 분위기가 그를 억눌렀다. 그러나 네웨이핑 역시 이겨야 한다는 압박감에 힘들어했다. 실력 차가 난다면 간단히 승부를 낼 수 있었겠지만 조훈현과 네웨이핑 모두 2번 승패를 주고받았으니 실력은 엇비슷했다. 결국 승부는 누가 더 정신을 차리고 버틸 수 있는가에 달려 있었다.

승부가 시작되고 시간이 흘러 조훈현이 불리해졌다. 그의 마음속에는 돌을 던지라는 외침이 울렸다. 결승까지 올라온 것도 대단한 일이라 생각했고, 빨리 집에 가고 싶다는 생각도 겹쳐왔다. 돌을 던지면 끝이다. 이런 생각도 잠시. 상대 네웨이핑 역시 힘들어하는 표정이었다. 순간 정신을 차린 조훈현은 생각에만 집중한다. 분명 길이 있을 것이고 그것을 찾기 위해 생각에만 집중했다.

그 순간 심판, 관계자들도 눈에 보이지 않았다고 한다. 마지막으로 네웨이핑도 사라졌고 오직 자신과 바둑판만 보인다. 그리고 결정적인 한 수를 읽게 된다. 과감하게 돌을 놓는다. 생각에 집중한 끝에 나온 결정적 한 수다. 그리고 한국 관계자 사무실에서 곧 "이겼다."라는 환호 소리가 들려왔다. 조훈현이 우승한 것이다. 조훈현 9단의 승리로 한국 바둑은 한중일을 이끄는 견인차 역할을 하기 시작했다. 그 후 이창호, 이세돌 같은 기라성 같은 바둑 기사들이 탄생했다.

조훈현의 책《조훈현 고수의 생각법》은 '생각은 반드시 답을 찾는다.'라는 명제로 시작된다. 해결되지 않는 문제가 있다면 끈질기게 물고 늘어져 생각하라 말한다. 상대의 방해를 받고 시간 제한 문제에 항상 봉착하고 있는 프로기사들은 자신은 문제해결이 일이라 말한다. 우리 삶도 그렇지 않을까. 문제해결의 연속이고 생각으로 그것을 해결해야 하는 삶 말이다.

어떤 일을 하든 일정한 연습이 이루어지면 모두가 일정한 수준에 올라간다. 타고난 재능이나 주변 환경 때문에 시간과 비용에 차이가 날 뿐 일정 수준은 모두가 올라간다. 실력이 대동소이해지는 순간이다. 이때 같은 문제가 터져도 끈질기게 물고 늘어지는 사람은 계속 발전할 수 있지만 생각하는 것을 귀찮아한다면 발전은 거기까지다.

생각하는 법을 배워서든 스스로 터득해서든 생각하고 또 생각하면 결국 답이 나온다. 나를 찾는 것 역시 생각하고 또 생각한다면 길을 찾을 수 있다. 중요한 건 조훈현 9단처럼 돌을 내려놓고 싶은 순간 끝까지 붙잡는 근성의 차이가 많은 걸 갈라놓는다는 사실이다.

생각은 지혜를 말한다. 생각하지 않으면 지혜가 나오지 않는다. 여기에 더 선결되어야 할 조건이 있다. 지혜를 위해서 지식이 있어야 한다. 지식이 없다면 지혜는 나오지 않는다. 인풋이 없는데 어떻게 아웃풋이 나올까 말이다. 우리는 지식을 편리하게 구할 수 있지만 지혜는 생각이라는 가공을 통해 이루어진다. 세상이 변해도 지식의 원천은 책이다. 주변에 책을 많이 읽는 사람을 관찰해보자. 지혜가 넘친다. 지식이 많기에 지혜도 발휘하는 것이다.

지식의 최전선에 있는 직업으로 단연 강사를 뽑을 수 있다. 순간 반짝이는 아이템을 잡고 언론을 통해 순식간에 뜨는 강사들도 많이 보인다. 하지만 수명은 3년 내외다. 10년 이상 대중에게 꾸준히 알려지는 강사는 드물다. 2~3년 잠깐 빛나다 사라지는 강사가 되고 싶은 사람은 없다. 오랫동안 꾸준히 알려지고 싶을 것이다. 그 방법 역시 생각을 근성 있게 해야 나오는 법이다.

좋은 강의 콘텐츠로 활약하는 지인 강사가 있다. TV나 언론에 출현해도 무방하다고 생각했다. 하지만 그는 콘텐츠 제작에만 집중한다. 그가 설명하길 지금 뜬다면 본질인 콘텐츠 제작에만 집중할 수 없으며, 실력을 쌓고 뜬다면 앞이 더 탄탄할 거라 했다. 요즘처럼 빨리 뜨고 싶은 세상에 지혜가 많은 사람이라 생각된다. 그 역시 독서광이고 사색을 좋아한다.

사람들 기억 속에 오랫동안 살아남는 사람은 두 부류다. 최초, 또는 최고다. 최초는 창조자이고 최고는 창조된 것을 가장 알맞게 구현하는 자이다. 둘 모두 생각의 집중으로 인한 지혜가 필요한 일이다.

중간이 사라지는 시대가 왔다. 어느 분야고 어정쩡하면 살아남기 힘들다. 제조업은 물론 서비스업도 경쟁업체와 차별성이 없다면 사라지고 만다. 앞으로 1등 또는 프로는 더욱 잘나갈 것이고 그렇지 못하면 영원히 이류에 머물고 말 것이다.

생각의 근성은 학력의 차이에서 오는 것이 아니다. 주변에 무학벌로 성공한 사람 역시 많다. 학력이 높다면 유리할 수 있어도 근성은 누구에게나 공평하게 주어지는 법이다.

나 역시 생각을 물고 늘어지는 방법을 공부하기 위해 책을 읽고 강연을 찾아 돌아다녔다. 다음 세 가지는 책과 강연에서 공통적으로 말하는, 생각을 물고 늘어지는 방법이다.

첫 번째, 초반에는 결론 내리지 말고 관찰한다.

문제에 봉착했을 때 일찍 결론을 내린다면 거기서 끝이다. 관찰한다면 다른 생각도 이끌어낼 수 있다. 관찰은 생각에 생각을 이어주는 막강한 도구다.

두 번째, 기법들을 익혀라.

생각을 활용하는 기법들은 많다. 자신에게 맞는 기법들을 익혀 문제해결에 도움을 주라. 트리즈, 마인드 맵, 브레인스토밍, 바인더 등 자신에 맞는 방법을 익힌다면 생각하는 재미를 이끌어낼 수 있다.

세 번째, 엉뚱한 생각도 충분히 가치 있다는 점을 상기하라.

엉뚱한 생각도 좋다. 많은 발명품들이 엉뚱함 속에서 탄생했다. 꼭 진지하고 혁신적인 생각만 만들 필요는 없다. 엉뚱한 생각 역시 마음껏 즐기고 문제해결에 적용해라.

TIP

지금 현재 모습은 생각이 만들어낸 것이다. 생각이 지금은 물론 미래의 모습도 좌우하는 법이다. 생각을 통해 자신에게 집중하고 세상과 결별하지 않고 나에게 집중하는 방법을 만들어보자.

나에게 집중하기,
나는 어디쯤에 있는가

· · · 중학교 미술시간으로 기억한다. 떠들고 웃기만 했던 우리에게 미술 선생님은 삶을 도화지와 비유하며 말씀하셨다. "우리 삶이 도화지처럼 여러 장 있다면 정말 좋겠다. 잘 못 그리면 다시 그릴 수 있기 때문이지." 짧은 말씀이지만 진지한 선생님 말씀이 아직도 기억에 남는다. 당시는 무슨 말씀인지 몰랐지만 지금 돌아보면 조금 알 것 같다.

　우리 모두는 후회를 안고 살아간다. 완벽한 인간은 없기 때문이다. 도화지처럼 삶이 여러 장 있다면 다시 그려갈 수 있는데 딱 한 장뿐이다. 도화지가 10장이 있다면 앞뒷면 해서 20개의 그림을 그릴 수 있다. 생계가 위험하다고 못하고, 나이 때문에 못하고, 환경 때문에 못한다는 생각 없이 일단 저지르기가 쉬울 것이다. 하지만 딱 한 장이다 보니 서글플 뿐이다.

딱 한 장을 가지고 여러 개 색깔로 자기 그림을 그리며 산다. 어릴 적에는 부모나 주변 사람 도움으로 그림을 채워가지만 일정한 나이가 지나면 자신이 채워야 한다. 처음부터 현명한 생각과 행동으로 탄탄하게 그려나가면 좋겠지만 대부분이 치기 어리게 그림을 채워간다. 그리고 후회한다. 후회한들 어떻게 하겠는가. 딱 한 장인 도화지인데 말이다.

하지만 이렇게 생각해보자. 선생님이 말한 도화지는 목숨을 말하는 것이다. 목숨은 딱 하나다. 하지만 우리 의식은 언제든지 리뉴얼할 수 있지 않을까?

지금 갖고 있는 환경, 습관, 언어 등 영원히 변하지 않는다고 생각해보자. 영원히 바뀌지 않기 때문에 정말 억울하다. 다행히 목숨 말고 리뉴얼할 수 있는 게 참으로 많다. 그래서 도화지에 다시 그리듯 새롭게 시작할 수 있다. 우리는 새로 시작할 수 있다는 희망 때문에 살아가는지도 모른다. 새롭게 시작한다는 건 새로운 판을 짠다는 이야기다. 기존에 있는 판을 서서히 바꾸든, 뒤집든 다시 시작할 수 있다.

의식을 바꾸는 것에서 리뉴얼은 시작된다. 나에게 집중한다는 건 내 의식을 바꾸는 일이다. 의식만 바뀐다면 지금 있는 모든 것이 변화한다. 의식이 변하지 않으면 아무리 마음먹어도 현상은 바뀌지 않는다.

많은 자기계발서에서는 사람의 의식은 내 것이기에 마음대로 바꿀 수 있다고 말한다. 그런데 의식 변화 이전에 선결되어야 하는 조건이 있다. 바로 긍정적인 관점의 전환이다.

사회를 경악시키는 범죄 중 성범죄는 그 문제가 심각하다. 그중에서도 어린아이를 대상으로 하는 범죄는 사회적 충격을 준다. 몇 년 전 한 남성이 이웃의 어린 여자아이를 납치해 성폭행을 한 사건이 큰 이슈가 되었다. 범죄자 생활을 추적한 경찰은 충격적인 사실을 발표했는데 범죄자 컴퓨터에서 하루도 빠짐없이 아동 성범죄 동영상을 본 기록이 발견된 것이다.

매일 아동 성범죄 동영상을 보는 범죄자에게 의식을 바꾸라고 한들 관점 자체가 부정적인 이상 불가능하다. 그에게 필요한 건 긍정적인 관점을 주는 일이다. 관점이 있어야 의식이 있는 법이니 말이다.

자신에게 집중하지 못하면 지금 필요한 관점이 무엇인지 생각하지 못한다. 아무리 주변에서 도움을 줘도 결국 관점과 생각은 자신이 만드는 것이다.

나에게 집중하는 사람은 매일매일 리뉴얼을 한다. 다양한 생각을 채우고, 많은 관점을 가지고 새롭게 재탄생한다.

사찰에 가면 사람이 소에 타고 가는 그림을 볼 수 있다. 이 그림은 십우도(十牛圖)라 한다. '십우'란 심우(尋牛), 견적(見迹), 견우(見牛), 득우(得牛), 목우(目牛), 기우귀가(騎牛歸家), 망우존인(忘牛存人), 인우구망(人牛俱忘), 반본환원(返本還源), 입전수수(入廛垂手) 열 가지의 수양 단계를 말한다.

'심우'는 소를 찾는 동자가 망과 고삐를 들고 산을 헤매는 단계다. 어디서 무엇을 찾아야 할지 모르지만 열심히 공부한다. 즉 나에게 집중하기를 결심한다.

'견적'은 발자국을 말한다. 열심히 나에게 집중하다 보면 자기를 어렴

풋이 느낀다. 조금은 가닥이 잡히고 어떤 행동을 해야 할지 감이 잡히기 시작한다.

'견우'는 오랫동안 찾아 헤맨 소를 멀리서 본다. 생각, 의식, 관점으로 나를 제대로 찾는 순간이다. 하지만 멀리 있기에 나와 타인, 나와 세상이 섞인 복잡한 상태라 볼 수 있다.

'득우'는 드디어 소를 붙잡아 고삐를 쥔다. 하지만 소나 자신이나 막 조우한 상태라 갈팡질팡한다. 득우의 그림에서 소는 검은색으로 표현하는데 거친 본성을 지니고 있다는 뜻이다. 소는 잡았으나 아직 제대로 조우가 안 된 상태다.

'목우'는 본성으로 가득한 거친 소를 길들이는 단계다. 그림 속 소의 색깔은 차츰 흰색으로 변화된다. 자신과 조우하면서 서서히 자신을 유순하게 다스린다.

'기우귀가'는 구멍 없는 피리를 불며 고향으로 돌아가는 모습이다. 소는 완전히 흰색으로 자신과 소가 하나 된 경지가 된다. 자신에게 집중하기를 완성한 상태다.

'망우존인'은 집에 돌아와 힘들게 데리고 온 소를 잊어버리고 자신에게 더욱 집중한다. 수양으로 자신과 하나가 되었으니 본성에 집착하지 않는다. 그리고 소를 찾고, 피리를 분 것이 모두 꿈임을 알아차린다.

'인구구망'은 자신도 없고, 소도 없는 상태, 즉 공(空)의 상태가 된다. 모든 걸 내려놓는 건 물론 빈 상태라 고요하기만 하다.

'반본환원'은 어떤 편견이나 생각, 자신, 소 모든 걸 있는 그대로 보는 상황을 말한다. 모든 건 그 자체일 뿐 어떤 것도 존재하지 않는 경지다.

'압전수수'는 그림에 큰 포대를 메고 사람들에게 가는 모습이 나온다. 즉 나누어주는 삶을 말한다.

당신은 어디쯤에 있는가?

여기서 말하는 나에게 집중하기는 도의 경지를 추구하는 게 아니다. 시끄럽고 탈 많은 사회에서 우리는 자신과 제대로 조우하지 못한다. 리뉴얼은 고사하고 하루하루 급급하다. 이럴 때 일수록 나에게 집중하는 방법을 터득해야 한다.

TIP

도화지처럼 목숨이 몇 개 있다면 나를 만나는 건 어렵지 않을 것이다. 여러 번 도전하고 나에 맞는 걸 찾아 달려가면 그만이다. 하지만 우리 도화지는 딱 한 장이다. 그만큼 신중한 삶이다. 다행히 관점과 생각을 제공받는다면 리뉴얼이 가능하다. 리뉴얼된 삶에서 당신은 열 단계 중 몇 단계에 있는지 생각하자. 만약 나에게 집중하지 못한다면 다시 시작하면 된다. 도화지는 한 장 이지만 의식은 무한대다.

빠른 성공을 예찬하는 시대, 변화는 천천히 온다

· · · 인터넷에 연예인 직캠(일반인이 직접 찍은 영상)을 쉽게 찾아볼 수 있다. 직캠에 가장 큰 수혜를 입은 연예인을 꼽자면 단연 EXID란 그룹이다. 처음 데뷔 때는 여느 걸그룹과 차별점이 없었고 1집이 인기를 끌지 못했다. 멤버까지 교체되는 우여곡절 끝에 2집을 내놓는데 여전히 신통치 않았다. 결국 해체설까지 나돌았다. 이런 분위기에서 거리공연 중 '위아래' 노래에 따라 열정적으로 춤추는 멤버 하니 직캠이 인터넷에 열풍을 일으켰다. 직캠 조회수가 올라가고 해당 노래는 가요 순위 상위권을 차지했다. 정말 순식간에 벌어진 일이었다. 지금 EXID는 여러 방송에서 활약 중이다. 직캠 때문에 무명 걸그룹의 설움을 이겨내고 인기가수가 된 것이다.

어느 프로그램에서 EXID를 인터뷰했는데 멤버 하니가 울음을 터뜨렸다. 아이돌이란 이름으로 이른 나이에 경쟁에 뛰어들어 서로를 이겨야 하는 게 힘들었다고 말했다. 더욱이 무명시절이 길었던 그룹이기에 하니의 눈물은 많은 시청자들에게 공감을 일으켰다.

아이돌은 10대 후반 또는 20대 초반부터 연예계에 뛰어들어 이른 나이에 경쟁을 맛본다. 모두가 스타가 되면 좋겠지만 현실은 그 반대다. 아이돌을 볼 때마다 너무 이른 나이부터 성공을 부추기는 풍토는 아닌지 생각해 본다.

초등학생 희망직업 순위 상위권에는 공무원과 연예인이 있다. 초등학생들에게 이런 꿈을 심어준 건 우리 어른들이다. 공무원과 연예인 모두 가치가 있는 직업이지만 공딩족(공무원 준비하는 고등학생) 탄생이나 이른 나이에 성공한 몇몇 아이돌처럼 초등학생들도 빠른 성공을 예찬하는 것에 많이 노출되어 있는 현실이다.

공연할 때마다 객석을 울음바다로 만들어버리는 소리꾼 장사익. 대한민국 대표 소리꾼이다. 무명시절 아파트 화단에서 찔레꽃 냄새가 났다고 한다. 화단에는 장미꽃뿐인데 찔레꽃 냄새가 나자 호기심이 생겨 가까이 가보니 화려한 장미꽃 사이에 찔레꽃이 향기를 내고 있었다. 찔레꽃을 본 순간 화려하진 않지만 은은한 향기를 뿜고 자기를 보아달라고 말하는 찔레꽃이 자기랑 똑같다고 생각했다. 이를 본 그는 '찔레꽃'을 작곡하고 그 노래는 공전의 히트를 친다.

소리꾼 장사익은 세상 사람들에게 천천히 가라고 말한다. 그가 천천히 가라고 말할 수 있는 건 그 역시 45세 때 데뷔했기 때문이다. 데뷔 이전에 딸기 장수, 보험 영업, 외판원, 경리과장, 카센터 직원 등 많은 직업을 전전하며 마지막으로 태평소로 먹고 살겠다 마음먹고 3년간 태평소를 배운다. 놀이패에서 태평소를 불며 연명하다 1994년 우연히 피아니스트 임동창과 함께 연주하며 큰 무대에 서게 된다. 이를 계기로 많은 기회가 열린다.

장사익은 노래하지 않았던 시간이나 세월을 아까워하지 않았다. 인터뷰에서 그는 데뷔 이전 시간에 대해 노래를 위한 인고의 시간이었다고 말한다. 만약 세상을 구경할 수 없었다면 지금처럼 노래하지 못했을 거라는 것이다.

늦게 데뷔했다지만 데뷔한 지 20년이 지났다. 나머지 20년을 맞이할 새 앨범을 준비 중이라고 한다. 빠른 성공을 예찬하는 시대에 20년 이상 살아남는 가수는 정말 몇 없다. 그러기에 소리꾼 장사익 말이 와 닿는 것이다.

'최단시간에 최대한 크게'를 예찬하는 시대에서 그의 행보는 많은 울림을 준다. 장사익은 45세 이전까지 천천히 진정한 소리꾼이 되기 위해 시간을 보낸 것이다.

이 세상에 피할 수 없는 건 죽음이다. 우리 생명에는 한계가 있다. 그래서 무한정 시간이 주어지지 않는다. 이런 이유로 무엇이든 최단시간에 빨리 이루려는 속성이 있다. 아무리 인내가 강한 사람이라도 빨리 이루어지는 걸 추구할 수밖에 없는 법이다. 그만큼 속도 예찬은 우리의 태생적 속성이다. 태생적 한계를 극복한 사람이 결국 원하는 삶을 사는 법이다. 천천히 변화가 오더라고 끝까지 하는 사람이 이긴다.

미국 고교 미식축구팀에 얽힌 유명한 일화가 있다. 전반 경기가 끝나고 선수들이 지쳐 있었다. 코치가 선수들에게 다가가 질문을 한다. "마이클 조던을 알고 있을 것이다. 마이클 조던이 포기한 적 있는가?" 그러자 선수들은 "아닙니다." 답한다. "그럼 라이트 형제가 포기한 적 있는가?" "아닙니다." "존 얼웨이(미식축구 스타)는 포기했는가?" "포기한 적 없습니다." "그럼 엘머 윌리엄스는?" 선수들은 그가 누군지 몰랐다. 서로 어리둥절 하자. 코치는 "그를 모를 것이다. 그는 중간에 포기했기 때문이다." 선수들은 코치의 말뜻을 알아듣고 다시 운동장으로 나가 승리를 거머쥔다.

마이클 조던은 두말할 것 없이 미국 최고의 농구선수다. 그는 정상의 자리에 올랐어도 연습장에 가장 일찍 나가 연습하고 가장 늦게 연습장을 빠져나왔다. 라이트 형제 역시 주변의 조롱과 기술적 한계에도 아랑곳하지 않고 기술을 천천히 발전시켜 하늘을 날았다.

변화는 정말 천천히 온다. 어떤 때는 변화했는지조차 못 알아챌 때가 있다. 그만큼 감지하기 힘든 게 변화하는 모습이다. 대부분은 변화가 눈에 보이지 않기에 중도에 포기하는 것이다.

30대 초반에 아파트 7채를 가진 지인이 있다. 월세의 여왕이란 느낌이 든다. 정말 이른 나이에 성공한 삶이다. 그녀는 20대 초반에 결혼해 전업주부가 된다. 평범한 일상을 보내다 첫아이를 보며 미래에 대한 고민을 시작했다. 남편 퇴직연령, 아이들 결혼 시기 등이 떠오르자 자신도 무엇을 해야 된다고 느낀다. 현명했던 그녀는 고민의 본질이 돈이라 결론내리고 돈을 제대로 벌기로 마음먹는다. 재취업도 방법이었지만, 그녀는 새로운 전략을 짜는데 바로 돈 자체를 공부해 전문투자자로 변화하는 것이다.

돈, 즉 자본에 대해 공부하려면 은행부터 공부해야 하고, 은행을 제대로 알기 위해선 은행이 어떻게 시작되었는지부터 공부해야 했다. 도서관 카드를 남편, 아이 것까지 만들어 역사, 정치, 철학, 경제를 두루 섭렵했다. 아이를 업고 다니며 도서관에서 몇 십 권 책을 빌려 공부했는데 5년쯤 독서에 빠지면서 경제가 어떻게 돌아가는지와 사회 흐름, 인간 역사 등을 보는 안목이 트이기 시작했다. 경제에 관한 전체적인 감이 잡히자 주부, 여자로서 잘할 수 있는 투자가 무엇일까를 고민한다. 그리고 이어서 소규모 아파트 투자로 결론 내렸다. 급하지 않게 2년 정도 아파트 투자를 철저히 공부한 후 첫 투자로 시작해 3년 만에 아파트 7채에서 월세를 받고 있다. 그녀는 지방소도시 공장단지 안의 아파트만 공략했기에 리스크가 적었다.

경제가 어렵다 보니 사람들은 저축보다 재테크에 관심이 많다. 주변에도 주식은 물론 여러 가지 투자를 하는 사람을 많이 본다. 대부분이 '카더라통신'에 의존하거나 단기간 무엇을 잡아보려는 경향이 강하다. 하지만 지인처럼 빠른 성공이 아닌 천천히 가는 성공이 정답이다. 그녀의 경제 지식은 난공불락이다. 또한 다독을 통해 진정한 성공은 노년의 성공임을 알기에 자녀교육까지 착착 잘 준비해가고 있다. 7년 동안 책을 통해 아주 천천히 변화했을 것이다. 그녀는 이런 인내를 발휘할 때까지 누구도 아닌 자신을 믿었다.

TIP

빠른 변화는 큰 저항이 따른다. 저항을 이기면 좋겠지만 이 역시 쉽지가 않다. 빠른 성공은 빠른 붕괴를 낳는다. 눈에 보이지 않더라도 천천히 변화하는 자신을 응원하자. 두려움을 떨치고 나 자신을 돌아보자.

세상,
나에게 집중해야
밖에서도 흔들리지 않는다

균형을 잡았는지
수시로 돌아보자

· · · 서로가 극단으로 향할 때 싸움이 난다. 최근 곳곳에서 들려오는 테러 소식들 역시 극단적인 종교 갈등으로 일어나고 있다. 선거철이 되면 여야가 서로에게 흑색선전을 하는 것 역시 상대 후보에 대한 극단적인 공격이다.

극단이 위험하다는 것을 알면서도 우리는 극단을 좋아한다. 이유는 복잡하지 않기 때문이다. 소위 말하는 중도는 양쪽 의견을 들어야 하기 때문에 피곤하다. 모두가 만족하는 선을 찾으려면 시간과 비용이 많이 든다. 극단은 간편하다. 이것 아니면 저것이다. 깔끔하고 개운해서 극단을 추구한다, 고인 물이 썩는다 했듯 극단이 오래가면 결국 망하고 만다. 조선 말 철저한 쇄국정책이 극단으로 몰려갈 때 일본은 네덜란드인이자 일본으로 귀화한 미우라 안진의 도움으로 대항해 시대를 열어간다. 이때부터 우리가 알고 있는 역사가 시작된다. 개인도 마찬가지다. 극단만 고집한다면 새로움 없이 똑같은 모습으로 살아가게 될 뿐이다. 그리고 주변 사람들은 지겨워서 떠나버린다.

얼마 전 택시를 탔다. 택시 안에 라디오를 틀지 않아 적막했다. 분위기도 바꿀 겸 이번 선거에 대해 물었다. 분위기를 바꾸기 위한 간단한 물음인데 택시 기사님은 나에게 어느 당인지 되물었다. 당보다 공약과 사람을 보고 뽑는다 말하자 기사님은 기다렸다는 듯이 "젊은 사람이 그러면 쓰나." 하며 특정 당을 공격하는 하는 말을 쏟아냈다. 처음에는 그런가 보다 하고 듣는데 특정 당의 뿌리부터, 각종 부정부패까지 줄줄이 설명하는 말이 내릴 때까지 이어졌다.

타고 있을 때는 물론이고 내리고도 불쾌함이 따라왔다. 일당체제도 아니고 정치 성향은 제각각인데 젊은 사람이 알아야 한다고 몰아세우니 불편한 건 당연하다. 움직이는 시간 동안 서로가 서로의 의견을 묻고 이해와 설득이 있었다면 좋았을 것이다.

우리 주변에 모든 걸 극단으로 몰아가는 사람들이 많다. 무서울 정도로 믿음이 강하고 자기고집을 꺾지 않는다. 고집은 경우에 따라 필요하지만, 구분해서 써야 한다. 이 세상에 완벽한 정답이 어디 있겠는가. 적정 균형이 가장 중요한 법인데 이를 추구하지 않는 사람이 다반사라 안타깝다.

균형이 깨졌다는 걸 쉽게 아는 방법은 감정기복이 생길 때다. 항상심을 유지하지 못하면 균형을 잃는다. 특히 일희일비하는 사람은 자신이 균형을 유지하는지 수시로 봐야 한다. 기쁜 일이 생겼다고 좋아하는 건 넘어갈 수 있지만 화를 내고 극단으로 몰고 가는 건 자신을 파멸시킬 수 있기 때문이다. 기쁜 일도 마찬가지다. 기쁜 일이 있다고 주변을 돌아보지 않고 마냥 즐겁게 뛰어다니면 팔불출로 낙인찍힌다.

MBC 〈황금어장〉 '무릎팍 도사'에 출현했던 야구선수 양준혁 씨. 그는 타석에서 이루어지는 치열한 심리전에 대해 이야기했다. 타자는 홈런이나 장타를 날리기 위해 투수를 노려보고 기를 죽이는데 이때 포수는 타자의 사기를 꺾고자 말로 놀리며 심리를 위축시킨다는 것이다.

일본의 타격왕 가네코 치히로. 우리에게 잘 알려진 전설의 선수다. 그는 타석에 들어서면 투수와 눈을 마주치지 않는다. 담담히 들어올 뿐이다. 쳐야 할 공만 생각한다. 모든 타자의 희망은 홈런일 것이다. 타자는 안타, 볼, 아웃 등 많은 수가 있는데 홈런이라는 극단만 생각하면 부담스러워 홈에 힘이 들어간다. 치히로는 안타를 생각하지 않고 방망이에 공을 친다는 생각만 한다. 부담이 없기에 자연스럽게 공을 칠 수 있다. 홈런이라는 극단을 피하기에 그가 있는 것 아닐까 생각한다. 그는 경기가 끝나면 따로 시간을 내어 조용히 글러브와 방망이를 씻는다고 한다. 담담함을 유지하고 극단을 피하기 위한 나름의 의식인 셈이다.

집단에 있을 때 균형을 철저히 점검해야 한다. 몇 년 전 청소년들 핸드폰에 광화문에 모이자는 문자가 돌았다. 출처도 불분명했고 잘못된 시회를 바꾸자고 선동하는 문자였다. 언론에서 우려와 걱정으로 이 문자에 대해 방송했다. 모 방송국 앵커는 "사회에 목소리를 내는 건 좋은 일이지만 누군가 선동해서 극단적인 행동은 절대 하지 말아야 합니다." 하며 말을 이어갔다. 다행히 큰일은 일어나지 않았지만 앵커의 말대로 대중이 모이면 광기에 가까운 극단은 언제든지 일어날 수 있다.

목계(木溪)는 《장자》 달생편에 나오는 이야기다. 싸움닭을 만들기로 유명한 기성자란 사람이 왕의 부름을 받는다. 왕은 그에게 최고의 싸움닭을 만들 걸 지시한다. 시간이 흘러 왕이 기성사에게 물었다. "이젠 싸움닭이 되었는가?" "아직 멀었습니다. 지금 허장성세(虛張聲勢)를 부리고 있습니다."라고 말한다. 다시 열흘이 지나 왕이 묻자 기성자는 답한다. "아직 멀었습니다. 다른 닭의 울음소리나 그림자만 봐도 덮치려고 난리를 칩니다." 다시 열흘이 지났다. 왕이 최고의 싸움닭이 되었는지 물어본다. 기성자는 "적을 노려보면서도 아직 지지 않으려는 태도가 있습니다." 열흘이 또 지나자 기성자는 왕을 찾아가 이젠 다 되었다고 말한다. 왕이 어떻게 최고의 싸움닭이 되었는지 묻자 기성자는 말한다.

"상대 닭이 아무리 소리 지르고 덤벼도 흔들리지 않습니다. 멀리서 보면 나무로 만든 닭 같습니다. 다른 닭들을 보고는 더 이상 반응이 없자 다들 관심도 없어합니다."

결국 최고의 싸움닭은 목계로 어떤 일이 있어도 담담히 대하는 닭이다.

상대방의 반응에 흥분하며 극단으로 치닫는 걸 경계하고 있는 그대로 보는 것이다.

대중은 쉽사리 극단으로 치닫는다. 과거나 지금이나 정치인들은 극단을 잘 활용했다. 극단을 통해 자신의 통치를 이어갔고 극단을 통해 정적들을 제거해갔다. 스스로를 극단으로 몰아가고 있지 않나 점검해야 한다. 목계처럼 상대의 반응을 일일이 대응할 것도 없고, 눈치를 보며 살 것도 없다.

TIP

우리는 수많은 미디어기기 속에 살고 있다. 미디어들은 매일 자극적인 내용을 쏟아 보낸다. 대중의 이목을 끌기 위해 점점 더 자극적인 문구를 송출한다. 균형 잡힌 시각은 이러한 미디어 때문에 흔들리고 있다. 균형 잡힌 모습은 누가 만들어주지 않는다. 자신이 극단으로 나아가고 있나 수시로 점검하고 극단으로 왔다면 다시 균형으로 돌리는 지혜가 필요하다.

Focus on me

지금은 괴짜들의 전성시대! 발상을 통해 세상에 나를 심는다.

당연하다 여겨지는 일에
의문을 갖고 덤벼라

・・・〈설국열차〉는 국내외에서 많은 인기를 끈 우리나라 대표 영화다. 기후가 급격히 추워지면서 인류 마지막 생존자들은 기차에 탑승한다. 기차 안에는 무한동력이 있어 같은 철로를 따라 지구를 17년째 돈다. 그곳에도 계급이 존재한다. 맨 뒤 칸 사람들이 가장 낮은 계급으로 1등석으로 갈 수 없었고 기차에서 제공하는 식량으로 살아간다. 기차 안에는 질서와 일정한 인구 보유를 위해 사람들을 죽이는 일도 서슴지 않고 벌어진다.

주인공 커티스는 오랫동안 반란을 준비한다. 앞 칸 사람들이 아이를 납치해 가자 때가 되었다고 생각한 커티스는 반란을 일으킨다. 그리고 기차를 설계한 남궁민수에게 문들을 열게 한다. 앞 칸으로 갈수록 술과 마약, 호화스러운 생활을 하는 사람들을 만나게 되고, 기차 제작자 월포트를 찾아가 기차 엔진을 파괴하고 최후까지 살아남은 남궁민수의 딸 요나와 아이만

열차 밖으로 나간다. 그곳에서 살아 있는 북극곰이 등장하는 것으로 열차 밖 생존의 복선을 주며 영화는 끝난다.

이 영화를 보고 두 가지로 충격이 컸다. 첫 번째 선생님이 질서를 유지하기 위해 아이들에게 교육을 시키는 장면이 나온다. 기차 밖으로 나가면 죽는다 하면서 기차 안 질서를 철저히 세뇌교육 시킨다. 해맑고 순진한 아이들은 윌포트를 찬양한다. 두 번째는 뒤 칸에 있는 모든 사람들은 오직 앞 칸으로 갈 생각만 했지만 남궁민수는 기차 앞이 아닌 기차 밖을 생각하는 부분이다. 혁명 같은 발상이다.

우리도 종종 정답이라 생각하는 것들이 있다. 의심의 여지도 없이 완벽하다 여겨지는 것들마저도 의심하고 변화와 파괴를 꿈꾸어야 한다. 전에는 당연한 것에 의심을 보내는 사람을 괴짜로 여겼지만 지금은 괴짜들의 전성시대다. 그들은 남들 눈치 보거나 남을 고려할 틈이 없이 자기 생각을 실천하기 바쁜 사람들이다.

당연한 것에 의심을 보내고 의심을 의문으로 바꾸고 행동으로 연결하는 사람은 7가지 발상법을 가지고 있다. 발상을 통해 세상을 바꾸거나 흔들림 없는 나만의 것을 가진다.

첫 번째, 이종접합을 두려워하지 않는다.

이종접합은 다른 것끼리 묶는 걸 말한다. 도저히 섞일 수 없다고 판단한 것들을 섞어서 성과를 창출한다. 와인과 편리함은 묶을 수 없는 존재다. 와인은 고급 음료이기 때문이다. 하지만 와인과 편리를 더해 팩 와인을 만드는 것은 이종접합이다.

두 번째, 재해석을 한다.

최근 출판계에 유행 중인 책 중 옛날 책을 출간 당시 느낌 그대로 제공하는 책들이 있다. 가령 윤동주 시집을 첫 출간 당시와 같은 삽화와 글씨체로 출간해 제공한다. 책을 읽는 건 물론 추억을 살릴 수 있다. 이건 과거에 대한 재해석이다. 과거가 시대에 뒤떨어진 것도 아니고 나쁜 것도 아니다. 재해석을 통해 새롭게 만든 것이다.

세 번째, 모순은 반드시 해결할 수 있다.

일부 사람을 **빼고** 비행기는 개인이 소유할 수 없다. 하지만 개인 전용기를 가지고 싶어 한다. 이건 모순이다. 그래서 탄생한 것이 공유형 비행기다. 비행기를 대여해 여러 사람이 함께 소유하며 공유한다. 현실과 희망의 모순을 해결한 일이다. 의문을 넘어 행동으로 연결하는 사람은 모순을 해결할 수 있다고 믿고 추진한다.

네 번째, 사람들이 싫어하는 일에 관점을 바꿔 해결한다.

1인 가구가 늘면서 식사, 세탁 등이 귀찮아진다. 1인 식사를 배달해주고, 빨래도 배달해주기 시작했다. 사람들이 하기 싫은 일에 관점을 바꿔 사업 아이템으로 만드는 경우다. 싫어하는 당연함에 의심을 보내고 사업으로 이끌어낸 것이다.

다섯 번째, 권위에 도전한다.

모나리자에 콧수염을 그린 뒤샹. 뒤샹은 인터뷰에서 많은 이들이 신처럼 모시는 모나리자의 권위에 도전했다고 말한다. 그의 도전에 대중은 박수를 보냈다. 막연한 이유로 권위에 눌린다면 창의력을 발휘할 수 없다. 권위에 기꺼이 도전하고 그것을 즐긴다.

여섯 번째, 망신을 당연히 여긴다.

의심하고 의문을 보내는 것에 저항은 당연히 존재한다. 망신을 각오해야 한다. 하지만 진짜 자신이 옳다면 언젠가는 인정받는다. 지금은 보편화된 대부분의 발명품, 새로운 관점들은 망신 속에서 피어난 것들이다. 망신을 두려워하면 안 된다.

일곱 번째, 단순함을 추구한다.

크리에이티브 디렉터 켄 시걸이 쓴 《미친 듯이 심플》이란 책은 그가 스티브 잡스와 일할 때 스티브 잡스가 얼마나 단순함을 추구했는지 알려준다. 복잡한 것이 당연하고, 어려운 것이 당연하면 복잡하고 어려운 것만 있다. 당연함을 의심하고 의문을 던지는 사람은 단순화 시켜야겠다고 생각을 전환한다.

우리를 흔들리게 하는 건 사실 당연한 것들이다. 당연한 것들에 의심을 보내는 순간 흔들린다. '이게 아닌데.' 생각하지만 사회기, 세상이, 유경험자들이 그렇다고 말한다. 그럴수록 본질을 보려고 한다.

뭐든 단순히 일어나지 않는다. 여러 가지 원인이 복합하게 작용해 탄생한다. 탄생 배경을 알기 위해 투자한다면 흔들림은 줄어든다.

생각은 바꿀 수 있지만 이를 행동으로 끌어내는 게 문제다. 우리 주변에도 특별한 아이디어를 말하는 사람들이 많다. 가끔 어떻게 저렇게까지 생각했을까 궁금하지만 행동을 하지 않으면 허상에 불과하다. 당연한 것에 의심을 보내고 의문을 보낸 후 그것을 행동으로 끌고 와야 한다. 행동하는 사람만이 변화시킬 수 있기 때문이다. 생각을 방해하는 것들 말고도 행동을 방해하는 것들도 다양하다. 그럴수록 더욱더 기민하게 해결책을 찾아야 한다.

TIP

당연한 것에 의심을 보낸다는 건 발상의 전환은 물론 기존의 질서에 대항하는 일이다. 사실 용기가 필요한 행동이다. 나를 흔들리게 하는 게 너무 많은 세상이다. 끊임없이 의심을 보내면서 본질을 읽고 당연한 것을 변화시키려는 행동을 이끌어내자.

막연한 망상을 벗어나
제대로 상상하라

··· 첨단을 달리면서 무제한 상상력이 필요한 직업군을 뽑으라면 IT 관련 종사자를 뽑을 수 있다. 웹이
라는 공간에 무한 상상력을 풀어 넣고 고객을 유치하기 때문에 풍부한 상상력은 필수인 것 같다.

우리나라 검색 사이트 양대 회사 중 하나인 ㈜다음소프트 송길영 부사
장. 상상력이 풍부하고 창의력을 강조할 것 같지만 역설적으로 상상하지
말라고 조언한다. 데이터가 있는데 데이터를 관찰하고 연구하지 않고 멋대
로 해석해 그것을 사업화하는 건 위험하다고 말한다. 그만큼 상상력은 우
리에게 엄청난 힘을 주지만 그 힘이 긍정적인 힘이 될 수도 있고 자신을 힘
들게 하는 힘이 될 수도 있다

우리나라도 참전해 많은 희생자를 냈던 베트남 전쟁. 월맹과 월남의 싸움에 미국이 참전해 미국 역사상 최초로 패배했던 전쟁이다. 전쟁 속에서 포로가 된 짐 스톡데일은 하오이 포로수용소에서 8년간 지낸다. 매일 이어지는 구타와 고문, 인간 이하의 생활 속에서 스톡데일이 해야 할 일이 있었다. 장교로서 많은 포로를 살려 미국으로 보내는 일이다. 스톡데일은 수많은 포로를 보며 끝까지 살아남은 포로는 아이러니하게도 현실주의자들이었다고 말한다. 그 역시 철저하게 현실주의로 포로생활을 한다. 단, 언젠가는 풀려나 미국으로 갈 것이라 확신했다.

"나는 거기서 풀려날 거라는 희망을 추호도 의심한 적이 없거니와, 나아가 결국에는 성공하여 그 경험을, 돌이켜보아도 바꾸지 않을 내 생애의 전기로 전환시키고 말겠노라고 굳게 다짐하곤 했습니다."

훗날 인터뷰에서 한 말이다. 결국 긍정적인 현실주의자로 자신을 변화시킨 것이다. 포로수용소에서 죽음을 맞이한 사람들은 막연한 상상을 했던 사람들이라고 했다. "이번 크리스마스에는 풀려날 거야.", "이번 추수감사절에는 나갈 수 있겠지." 등 근거 없이 상상했던 사람들이었다. 상상이 빗나가자 쇠약해진 사람들은 서서히 죽어갔다. 스톡데일은 반대로 행동했다.

그는 바닥을 두드리며 포로들에게 메시지를 주었는데 "이번 크리스마스 때 풀려나지 않을 수 있으니 그에 대비하세요." 등 현실적인 메시지를 주었다. 그는 지독했던 8년간의 포로생활 끝에 미국으로 돌아가 말년에는 편하게 지낼 수 있었다.

이처럼 최종적인 희망을 품고 있으되 막연한 상상을 하지 않는 현상을 '스톡테일 페러독스' 라 한다. 철저한 현실주의와 최종적 긍정주의의 승리인 셈이다.

막연한 상상으로 사람을 현혹시키는 일들이 늘어났다. 이는 종교와 결합하여 더욱 사람들에게 혼란을 준다. 스톡테일 페러독스 현상만 봐도 막연한 상상은 위험하다. 오히려 희망고문은 사람들을 지치게 만든다. 다음 소프트 송영길 부사장의 조언처럼 차라리 상상하지 않고 있는 그대로 보는게 중요할 수 있다.

제대로 상상하기 위해선 무엇이 필요할까. 가장 중요한 건 현실을 제대로 보기다. 즉 관찰인 셈이다. 관찰은 객관적인 사실을 보여준다. 그래서 이루고 싶은 일이 있다면 그 분야에 접근해 관찰을 해야 한다. 선배들은 어떻게 이루었고, 실패한 사람은 어떻게 실패했는지 말이다. 관찰에서 중요한 건 상상하는 것이다. 자신을 완전히 죽이고 객관적인 관찰을 한다. 관찰에는 옳고 그름이 없다.

관찰이 끝났다면 관찰에 대한 해석이 들어가야 한다. 해석이 들어갈 때 많은 실수를 저지른다. 해석에서 '나만은 다를 거야.' 하면서 상상한다. 안타깝게도 그런 기적은 동화에나 존재한다. '나만은 다를 거야.' 보다 '나 역시 그럴 수 있다.' 는 걸 전제해야 한다. 해석은 현실을 기반으로 해야 한다.

인도 어느 마을에 아낙들이 물을 길러 갔다. 왕복거리 3시간으로 머리도 아프고 꽤나 힘든 노동이었다. 이를 지켜본 외국 사람이 안타까워 투자자를 모집해 마을 가까이 지하수 시설을 만들어주었다. 아낙들 역시 처음에는 사용했지만 차츰 사용 빈도가 줄어들었다. 의아하게 여긴 외국 사람은 아낙들을 관찰했는데 전혀 색다른 사실을 발견한다. 바로 아낙들의 사회관계가 물을 길러 가는 데 있었다는 것이다. 아낙들에게 물 길러 가는 시간은 이웃 안부도 묻고 남편 흉도 보는 등 즐거운 시간이었던 것이다.

해석에 들어갈 때는 물건이 아니라 그걸 사용하는 사람을 중심으로 해야 한다. 신비주의는 결과 위주로 상상을 시킨다. '고급세단을 타고 있다.', '고급세단 손잡이를 만지고 있다.' 처럼. 하지만 중요한 건 고급세단을 구매할 때 영향력을 미치는 사람들을 해석하는 일이다. 만약 남편이나 아내가 득달같이 반대한다면, 막연한 상상만으로는 이루지 못한다. 무언가를 해석할 때 관찰 후 물건보다 사람을 상상해라.

해석까지 완료하면 이루기 위한 계획에 들어간다. 계획 역시 철저히 현실을 기반으로 작성한다. 계획을 세울 때는 대가를 철저히 고려해야 한다. 막연한 상상으로 대가를 무시하면 훗날 큰 화를 입는 경우가 다반사다.

계획까지 완료했다면 상상하기다. 여기서 상상에 전적으로 의존하면 안 된다. 노력의 원동력으로 상상을 끌어와야 한다. 또 머릿속에서만 끝내지 말고 오감을 통해서 상상을 이끌어가야 한다.

"미래에 어떤 일을 하겠노라고 이야기하는 것으로는 명성을 쌓을 수 없다."

포드자동차 헨리 포드의 명언이다. 계획을 세우고 상상하는 것만으로는 아무것도 이룰 수 없다는 포드의 조언이다. 제대로 상상하기의 끝은 결국 행동이다. 행동하지 않으면 끝이다.

세상에는 상상하라는 말이 넘쳐난다. 하지만 어떻게 상상하는지를 알려주지 않는다. 그냥 큰 꿈을 꾸어라, 의심하지 말고 상상해라, 이미 이루어진 것처럼 살아라 말한다. 그것으로 끝이다. 구체적인 방법은 우주에게 물어보라 말한다. 어불성설인 셈이다. 상상하는 법을 제대로 알지 못하면 사회가 만든 신비주의적, 종교적 상상의 힘에 말려들 수밖에 없다.

상상이 위험하다고 말하는 건 아니다. 창의, 창조의 기본은 상상이다. 단 상상의 힘을 가지고 막연한 꿈과 희망을 말하는 건 위험하다. 이는 혹독한 대가를 치르는 결과에 이르기도 한다. 심각한 경우는 막연한 상상으로 인해 일을 벌이다 가족을 파괴하기도 한다.

상상은 힘이 세다. 행동을 이끌어내는 강한 동기부여를 주기 때문이다. 이루고 싶은 게 있다면 관찰하고 사람을 중심으로 객관적으로 해석한 후 계획을 구상하라. 그러면 머리로만 하는 상상이 아닌 오감으로 하는 상상의 힘을 발휘할 수 있다.

TIP

각박해질수록 상상의 힘을 부정적으로 사용하는 사람들이 늘어날 거라 생각한다. 이럴 때 일수록 나만의 제대로 된 상상법을 만들어 자신을 지키자.

Focus on me

책은 지식이 아니라 지혜로 다가온다.

책에서
길을 찾으라

· · · 도망칠 곳이 있다면 한 번쯤 과감한 모험을 걸 만하다. 잘못되면 그곳으로 도망치면 되기 때문이다. 아니면 충전이 필요할 때 그곳에 머물며 충전을 할 수 있다. 전문 칼럼리스트이자 프리랜서 지인이 있다. 그는 종종 지인들에게 짧은 메시지를 남기고 전북 정읍에 있는 절로 사라진다. 짧게는 일주일 길게는 3개월 들어가 있다. 칼럼리스트 특성상 책 몇 권, 노트북, 옷 몇 벌이면 일할 수 있으니 인터넷만 되는 곳이라면 어디로든 도망칠 수 있어 부러울 때가 있다. 직장이 있거나 가족이 있는 사람은 어디로 훌쩍 떠난다는 건 불가능에 가깝다. 그래서 나름의 도피처가 있어야 한다.

아무리 좋아하는 일을 하고 주변 사람들 말에 귀를 닫는다 해도 나를 이끄는 강렬한 힘은 영원히 지속하기 힘들다. 방전될 때쯤 반드시 충전이 필요하다. 그렇다고 지인처럼 훌쩍 떠날 수 없다. 나 역시 마찬가지다. 여유가 있다면 어디든 떠나지 못하겠는가. 시간과 비용이 부족하고 일이 있기 때문에 힘든 것이다. 학생시절에는 몰랐지만 몇 년 전에 시간과 비용을 많이 절약하면서 충전할 수 있는 걸 찾았다. 바로 책이다.

책으로 도망칠 수 있다는 사실을 처음에는 이해할 수 없었다. 그리고 그 곳에서 다시 살아갈 힘을 얻는다는 것까지 믿기 어려웠다. 아마도 학창시 절 책에 대한 기억들 때문이었던 것 같다. 고등학교 문과 출신인 나는 다양 한 소설을 읽어야 했다. 지금처럼 그때도 고등학생이라면 꼭 읽어야 하는 소설 목록이 있었다. 모두가 훌륭하고 좋은 소설이지만 읽기 싫은 소설도 존재했었다. 성적 때문에 어쩔 수 없이 읽은 것도 있었다. 방언도 심하고 이 야기 전개도 어렵고 어정쩡한 결론이 있는 소설은 읽기 고역이었다. 수능 이 끝나고 책에서 벗어날 수 있었다. 읽어야 하는 필수목록도 없었고, 읽으 라고 강요하는 사람도 없었다. 해방되었지만 차츰 어딘지 모를 부족함이 밀려왔다. 친구들과 이야기를 나누고, 공부에 집중해도 무언가 부족했다. 당시에는 지식에 대한 갈망이라 생각하고 책을 들었다. 부족한 지식을 메 우고 싶었다. 하지만 책은 지식이 아니라 지혜로 다가왔다.

나 역시 처음 독서를 할 때 다양한 방법을 연구했다. 포스트잇을 활용하 고, 독서일기를 쓰고, 반복해서 읽는 등 독서활용을 위해 고군분투했다. 그 런데 오히려 역효과가 났다. 독서가 싫어졌다. 독서가 의무가 된 셈이다.

1년 정도 독서를 떠나 있었다. 하지만 독서하며 채웠던 여러 가지 감정 들이 그리워 다시 독서로 돌아왔다. 그 후 독서를 꼭 어떻게 하겠다고 다짐 하지 않는다. 자연스럽게 읽고, 잊어버리거나 다시 읽는다. 그것을 활용하 기 위해 인위적인 행동을 하지 않는다.

사람들은 종종 묻는다. 독서를 어떻게 하는지 말이다. 솔직히 말한다. "그냥 읽으세요." 지금은 정보가 넘쳐나는 시대다. 인터넷에 검색어 몇 개만 친다면 정보가 쏟아진다. 책에 있는 내용을 암기하는 건 전적으로 자유다. 하지만 많은 독서법들이 그것을 활용하기 위해 다양한 방법을 제시한다. 메모, 일기, 색깔 펜, 몇 회 반복 독서 등 말이다. 모두가 옳은 방법이다. 하지만 그것이 당신의 독서법인지는 고민해야 한다. 당신에게 맞는 독서법이 정답 독서다. 우리 기억력은 한계가 있다. 책 내용을 통째로 암기할 수 없다. 또 그렇게 할 필요도 없다. 인터넷에서 더 빠르고 신속하게 원하는 정보를 찾을 수 있다.

책을 통해 새로운 관점을 얻는 게 중요하다. 또 세상의 소음을 걷어내고 저자와 이야기하며 내일을 살아갈 힘을 얻으면 그만이다. 그래서 힘들 때 잠시 책으로 도망친다면 우리는 지식은 물론 지혜, 다시 시작할 힘도 얻을 수 있다.

책은 두 사람이 만든다. 한 명은 저자고, 한 명은 독자다. 독서를 하면 저자의 온전한 생각에 빠져든다. 나를 내려놓을 수 있다. 나를 내려놓으면 반대로 나를 찾을 수 있고, 다른 색깔의 나를 만날 수 있다. 그래서 책은 저자와 독자가 있어야 한다.

다시 시작할 힘을 찾고 싶다면 나는 주저 없이 서점으로 달려가라 말한다. 새로운 책들과 수만 권의 책들 속에 파묻혀 있으면 행복감은 무어라 말할 수 없다. 느껴본 사람만이 알 수 있는 행복이다. 그곳에서 다시 시작할 힘을 얻는다.

독서도 남들에게 의존하는 사람이 있다. 인문학 열풍이 일 때 몇몇 사람이 독서를 포기하는 걸 지켜봤다. 독서의 중요성을 깨닫고 머리를 티운다고 어려운 책을 읽기 시작한다. 평소 독서도 안하는 사람이 인문학 책에 도전했으니 어려운 건 당연하다. 곧 포기하고 만다. 또한 자기계발류를 비난하는 사람들 역시 존재한다. 자기계발 역시 책 시장의 장르이다. 마음에 들지 않으면 읽지 않으면 되는데 남에게까지 부정적인 감정을 전파한다는 점이 안타깝다. 독서 역시 나에게 맞는 걸 찾으면 그만이다. 독서도 눈치 보며 한다면 괴로운 의무다.

독서는 사람을 거부하지 않는다. 사람이 독서를 거부할 뿐이다. 독해 능력만 있다면 책은 누구에게나 열려 있다. 그래서 독서는 공정하다. 또한 접근하기 쉽다. 독서로 힘을 얻는 사람은 접근하기 쉽고 공정한 도피처를 가진 셈이다.

사람에게 시달리고 힘들다면 독서에 집중해보자. 마음에 안 들면 다른 책을 찾으면 그만이다. 만약 나에게 맞는 책이 있다면 나를 내려놓고 저자와 많은 이야기를 하며 자신을 새롭게 시작할 수 있다. 이것이 독서의 힘이다.

TIP

곳곳에서 독서 인구가 줄어들고 있다고 걱정한다. 지식의 원천은 독서고, 지혜의 가공도 독서에서 비롯된다. 독서 인구가 줄어들수록 독서하는 사람은 귀한 대접을 받을 것이다. 그리고 다시 시작할 힘을 독서로 찾는 사람은 가장 값싸게 가장 큰 효과를 찾는 일을 시직할 수 있을 것이다.

외로울 줄 알아야
사람이 모인다

··· '성격이 급한 순으로 임원이 된다.' 란 말이 있다. 내가 만나본 임원들은 오히려 반대다. 느긋함과 여유를 지니고 있다. 이야기를 해보니 그들은 공과 사를 제대로 구분한다고 입을 모아 말한다. 일할 때는 무서울 정도로 자신을 몰아세우고 퇴근하면 완전히 풀어지는 것이다. 퇴근하고 취미생활 하는 곳까지 일을 가져오고 싶지 않다는 설명이다. 유수기업 임원이라 해도 사적으로 만날 때는 아저씨 만나는 기분이다. 이것이 정상 아니겠는가.

일은 물론 생활에서도 '빨리빨리' 를 외친다면 본인은 물론 주변 사람도 피곤하기만 하다. 왠지 무언가 쫓기는 듯 살아가 보는 사람도 불안하다. 그래서 만나기는 더 싫어진다. 스스로 주변 사람들을 떠나게 하는 것이다.

배움에 욕심 많은 K 씨가 있다. 새해가 되면 이수해야 할 교육을 나열한다. 어학은 물론 컴퓨터, 운동, 읽을 책, 자격증, 전공심화까지 많은 걸 계획

한다. 배움에 대한 욕심 때문에 시간에 쫓기며 사는 것 같다. 그녀를 만나면 박학다식하다는 느낌보다 잡다하다는 느낌이 든다. 그리고 무언가 하나를 뚜렷하게 물어보고 싶은 분야도 생기지 않는다.

그녀 회사는 구조조정의 칼바람이 자주 있고 조직이 젊다 보니 시간이 갈수록 조직원들이 위기감을 느낄 수밖에 없다. 자기계발을 하지 않으면 생존하지 못한다. 언제든 해고될 수 있다는 두려움 속에 한 해 두 해가 지나 변했다고 생각한다. 그녀가 여유가 없어 만날 시간도 없고 같이 있기도 힘들어졌다. 가끔 그녀가 걱정되기도 한다. 회사 부도, 저성장 지속 같은 건 우리가 통제할 수 없는 불가항력적인 부분이다. 저렇게까지 했는데 불가항력적인 요소로 멈추는 일이 터진다면 그녀는 더 불안해하지 않을까 말이다. 불안하면 할수록 주변에 사람들은 더 떠나 외로움도 함께 올 것 같다.

우리는 대체로 인기 있는 사람이 되고 싶어 한다. 즉 유명세를 추구하는 것이다. 이는 당연한 본능으로 유명세는 우리 삶에 또는 사업에 많은 도움을 준다. 인기 있는 사람이 되고 싶어 화술을 배우거나, 유머를 배우기도 한다. 나 역시 비슷한 마음으로 화술과 유머에 관한 책을 읽었다. 이상하리 만큼 공통점이 있었다. 바로 혼자 있어야 가능한 일이나 행동을 많이 강조한다는 것이다.

화술과 유머에 관한 책도 독서를 많이 강조한다. 독서가 화술에 관련한 재료를 주고 유머에 필요한 관점을 주기 때문이다. 하지만 독서는 누구랑 함께할 수 없는 일이다 혼자 해야 한다. 또 연습 역시 혼자 있는 시간이 필요하다.

인기 있는 사람이 되기 위해 필요한 화술과 유머 모두 혼자 있을 때 연마할 수 있다. 비단 인기뿐일까. 연애를 잘하는 사람들의 특징은 자신을 누구보다 사랑한다는 것이다. 자신을 먼저 사랑해야 타인도 자신을 사랑해줄 수 있는 법이다. 자신을 사랑하는 건 남과 할 수 없다. 혼자 있을 때만 가능하다. 자신을 제대로 사랑한 후에 다시 타인도 사랑할 수 있다.

혼자 있을 때 처음 맞이하는 건 고요함과 무료함이다. 혼자 있고 싶어도 고요함을 이기지 못해 스마트폰에 의지한다. 정보통신정책 연구원에 따르면 성인은 스마트폰을 보는 일에 1시간 17분, 대학생들은 2시간 20분을 소비한다고 한다. 전화번호 목록에 몇 천 명이 있고 SNS에 친구가 많아도 근본적인 외로움은 해결할 수 없다, 외로움은 해결하는 게 아니라 우리 삶의 일부이다. 외로움으로 우리는 성장하고 발전할 수 있다.

우리는 여러 가지 일로 바쁘다. 바쁜 이유 중 하나가 타인과 경쟁하며 인정받기 위해 분주한 면도 있다. 즉 허세를 위해 바쁘기도 하다. 하지만 노력에 비해 타인은 알아주지 않을 때가 더 많다. 이와 같은 외로움 때문에 더욱더 남을 찾는다. 서로에게 의지하려는 마음이다.

우리가 알고 있는 수많은 위인들을 생각해보자. 위인들 주변에는 사람들이 넘쳐났다. 비결은 여러 가지가 있겠지만 그들의 공통점은 치열할 정도로 외로웠다는 것이다. 도스토예프스키, 피카소, 베토벤, 나폴레옹, 단테 등은 치열한 외로운 시기가 있었기에 인간에 대한 본질적 고민과 사상을 만들어낼 수 있었다. 그런 고민의 결과에 주위 사람들이 몰려든 것이다.

외로움은 평생 함께하는 동반자다. 뛰어난 사람은 물론 평범한 사람까지, 모든 이에게 외로움은 숙명 같은 것이다. 숙명을 거부하고 외로움에 몸부림치면 반대로 사람들이 떠난다. 변화의 가능성은 외로움을 잘 소화해내는 데에 있는 법이다.

'완성은 미완의 수'에서 나온다는 말이 있다. 미완이 쌓여 완성이 되기 위해선 반성을 해야 한다. 반성은 누구도 대신 시켜주지 않는다. 오직 자신 혼자 해야 한다. 반성이 쌓이면 삶을 완성할 수 있다.

우리 시대는 갈수록 반성을 못하고 있다. 일 분 일 초가 전쟁이고 모두가 바쁘게 살고 있다. 혼밥, 혼술이 늘어났다지만 스마트폰 때문에 고요함과 처절함을 동반한 혼자 있기는 더욱 어려워 보인다. 이런 반성이 없으니 앞으로 나아가기는 더 어렵다. 그래서 같은 문제가 터져도 반복한다.

나 홀로 여행을 떠나본 사람은 잘 알 것이다. 혼자 여행은 많은 변화를 준다. 누구도 아닌 자신에게 집중할 수 있다. 스스로 체득한 변화의 힘은 영속적이다. 그리고 앞으로 나아갈 수 있는 에너지를 비축할 수 있다. 홀로 떠나는 게 두려우면 멀리 갈 것 없이 산책도 좋은 방법이다. 중요한 건 자신을 받아들이는 태도다.

TIP

우리에게 외로움은 숙명이다. 벗어나려고 할수록 더욱더 처절해질 뿐이다. 받아들여라. 그리고 외로움을 자신을 극대화시키는 시간으로 활용할 필요가 있다. 혼자 있을 줄 알면 생활에 여유가 있다. 그리고 창의와 고찰에 따르면 주변에 사람이 모인다. 혼자 있는 시간을 즐기는 걸 넘어 본질을 보는 시간으로 만들어야 한다.

당신은 생각보다
크고 멋진 사람이다

・・・ 인간의 극단적 폭력성을 잘 보여주는 게 전쟁일 것이다. 그중에서도 2차 세계대전 아우슈비치 수용소 같은 곳은 절대 강자의 폭력과 약자의 무기력을 극단적으로 보여주는 곳이다. 2차 세계대전 당시 수용소에서 한 막사만 유독 생존자가 많았던 곳이 있다고 한다. 그 막사가 식량을 더 주거나 위생환경이 좋았던 건 아니다. 차이는 딱 하나밖에 없었다. 그들은 배급된 물 중 일부를 얼굴을 씻는 데 사용했다. 단지 그것 하나 차이였다. 얼굴을 씻으므로 자신의 존재를 알았던 것 아닐까 생각한다. 사람을 죽음으로 몰고 가는 것 중 하나가 인간적 멸시다. 수용소에서 절대 강자들의 인간적 멸시를 얼굴 씻기로 극복한 것이 아닐까 생각한다.

우리는 생각에 따라 많은 일을 할 수 있다. 그리고 실천에 옮긴다면 많은 변화가 생긴다. TV를 보면 생각 자체를 없애거나 작게 하는 내용을 볼 때가 있다. 안타까울 따름이다. 정보의 홍수 시대에 잠시 정보를 접고 온전히 자신에게 집중하는 시간이 얼마나 될까 고민해본 적이 있다. 바쁜 현대인에게 나를 돌아보는 게 얼마나 힘든 줄 느낀다. 하지만 한번은 자신과 대화를 시도해야 잠든 거인을 깨울 수 있다.

과거 많은 일들을 했었다. 방황이고, 나에게 대한 많은 물음이었다. 일을 통해 자아실현이 된다고 하던데 어떤 일을 해야 할지 몰랐다.

"돈 많이 버는 일이 최고야."
"나중에 벌더라도 발전적인 일이 좋아."
"안정되고 퇴근 후 마음 편한 일 최고야."

방황하는 나에게 고마운 조언이지만 결정하고 판단하는 건 내 몫이었다. 조언들을 잠시 내려놓고 조용한 카페에서 나에게 집중했다. 부끄럽지만 나와 대화를 시도했다. 산책하며 나와 이야기를 나누었고, 혼자 술도 마셨고, 하루 종일 조용히 자신과 대화를 시도했다. 모든 일이 그러하지만 처음이 어려울 뿐 서서히 적응이 되어갔다. 하지만 무슨 일을 해야 할지 결정하기는 어려운 문제였다.

곳곳에서 빠른 성공을 예찬하고 20대 때는 직업 한 방에 성공을 결정하는 분위기였다. 다행히 혼자 있는 시간에 부풀려진 20대 성공에는 관심을 둘 필요가 없음을 알았다. 20대 성공이 평생 가기는 거의 불가능하단 걸 알았다. 오랜 시간 고민 끝에 결론은 간단해졌다. '많은 경험을 해보자.' 라는 것이다.

아르바이트를 포함해서 다양한 직업에 경험했다. 이런 경험은 나중에 강의 나갈 때 공감을 이끌어내는 데 도움을 주었다. 다양한 곳에 있었던 만큼 다양한 사람을 만났다. 사람을 만나면서 직업이 사람을 만든다는 사실을 느꼈다. 일하는 곳 분위기와 사람의 분위기가 일치했다. 그래서 직업에 대한 고민은 더욱 컸다.

이 문제는 나 말고도 절대적으로 많은 사람이 한다는 사실을 나중에 깨달았다. 나이랑 상관없이 같은 고민이다. 어렵기도 하다. 가장 큰 원인은 자기 탐색을 할 줄 모르는 것이다. 자기 탐색만 제대로 할 줄 알고 약간의 정보를 구한다면 누구나 자기가 좋아하는 일에 도전은 할 수 있다고 생각한다. 물론 끝을 보는 건 개인의 몫이고 인내의 몫이다. 나 역시 그것을 찾기 위한 여정은 현재진행중이다. 이 책은 여정의 연장선상일지 모른다. 확실한 건 누구나 나에게 집중하는 시기가 한 번은 있어야 한다는 점이다. 내가 무엇을 잘하고, 무엇을 하면 행복할까도 모르고 이 세상에서 사라진다면 억울한 일이다. 자신이 행복한 일을 하는 사람은 이름 모를 강력한 힘을 느낀다고 한다. 그 느낌을 매일 받는다면 누구보다 많은 일을 이루어낼 수 있을 것이다.

어린 소녀였던 아멜리아 에어하트는 복잡한 아이였다. 남자아이들과 거친 놀이도 하고 혼자 깊은 책도 읽고 사색도 했다. 때에 따라 엉뚱한 행동으로 선생님을 당황시켰다. 시간이 흘러 성인이 된 아멜리아는 당시 여성상을 강요받았다. 결혼하고 자리를 잡고 아이를 낳은 후 평범하게 사는 삶을 살라는 것이다. 그녀는 억압을 벗어나기 위한 직업을 찾았지만 쉽지 않았다. 그러다 1920년 어느 날 우연히 비행기를 타게 된다. 그녀는 비행기에 매료되었고 자유롭고, 끊임없이 도전을 받으며 모험을 즐길 수 있는 파일 럿이 되기로 마음먹는다. 자신에게 집중해서 얻은 결과다.

당시에도 여성 파일럿은 있었으나 남성들 사이에 눈요기 정도밖에 되지 않았다. 하지만 그녀는 남성들 중심의 파일럿 세계를 거부하고 자신만의 스타일 비행을 추구했다. 여자의 한계는 물론 비행의 한계를 뛰어넘기로 한 것이다.

1932년 여성 최초로 대서양을 단독으로 횡단하고 1935년은 멕시코만을 횡단했다. 당시 남자 파일럿들로 멕시코만은 위험한 코스로 여겼다. 그럴수록 더욱 도전했다. 그녀는 여성에게 주어진 금기의 틀과 파일럿계의 불가능을 깨며 자신의 한계를 끊임없이 극복했다.

자신감이 생기자 기존 경로를 거부하고 신규 경로를 개척하며 언론의 주목을 더욱 받는다. 정치 발언도 거침없이 쏟아내자 사람들은 그녀에게 열광했다. 그녀는 여성도 아니고 남성도 아닌 자기만의 모습을 추구했다. 결혼 역시 당시 여성으로서 상상도 못할 자유로운 조건을 걸고 결혼한다.

1937년 그녀는 가장 위험한 비행을 감행한다. 바로 태평양의 작은 섬들을 경유하며 세계 일주를 하는 비행이다. 하지만 그것이 그녀의 마지막 비행이었다. 별들도 보이지 않아 방향감각도 잃고 기름이 떨어져 죽음을 맞이한다. 자신과 대화 끝에 파일럿이란 직업을 택하고 위험을 감수하며 모험을 즐겼던 그녀의 삶은 영화, 소설로 만들어져 전설적인 인물이 되었다.

그녀는 스스로를 크고 멋진 사람으로 여겼다. 학창시절 아무리 엉뚱한 생각을 해도 스스로를 사랑했으며 자신을 끊임없이 도전하게 했다. 그녀는 모험을 즐기고, 실험한 것이 전부인데 언론이 알아서 그녀를 영웅으로 만들고 사람들은 열광했다.

TIP

자신에게 집중하고 자신의 본성을 표출한다면 사람들은 알아서 열광한다. 우리는 생각보다 크고 많은 일을 할 수 있다. 똑같은 형태, 똑같은 성공, 똑같음을 거부하는 것이 유일무이성과 힘을 키우는 원천이다.

자신의 스토리를
채워가라

・・・ 사람들은 이야기에 열광한다. 어릴 때부터 동화를 보고 듣는 걸 좋아한다. 차츰 소설, 영화, 드라마 등 이야기 세계에 빠지며 나이가 들어간다. 막장 드라마라 욕하면서도 시청하고 거짓말인 걸 알면서도 진실로 착각하기도 한다. SNS 이용이 폭발적으로 늘어나면서 세상에 이야기는 더욱 폭증하고 있다. 첨단기술이 사람을 우주로 보내고 빅데이터로 분석해도 사람은 이야기를 좋아한다.

우리가 이야기를 좋아하는 이유는 크게 3가지가 있다고 한다.

첫 번째, 기억을 잡아두기 위해서다.

기억력에 한계가 있기 때문에 이야기를 통해 기억을 잡아둘 수 있다. 전래동화나 야사 등 기록으로도 후대에 전해지지만 면면히 구전되는 이야기는 인류사에 큰 영향력을 행사하고 있다.

두 번째, 카타르시스다.

폭력과 억압이 있는 사회에서 노골적으로 불만을 표시할 수 없는 사람들이 이야기를 통해 사회에 자기 주장을 표출한다. 폭력과 억압을 당하는 사람은 이야기를 듣거나, 말하면서 카타르시스를 느낀다.

세 번째, 사회관계 형성에 도움이 된다.

이야기를 통해 타인의 삶을 이해하고 그곳에 자기를 투영시킬 수 있어 사회관계에 도움이 된다.

세 가지 외에 이야기가 사람에게 미치는 영향력은 지대하다. 자세히 관찰을 하지 않을 뿐 우리는 눈을 뜨면 음악과 이야기로 하루를 시작하고 마무리한다.

몇 년 전부터 강연 사업이 폭발적으로 증가했다. 이젠 마이크임팩트 같은 강연 전문기업도 존재하고 인터넷 방송은 물론 공중파에서도 강연 아이템들이 인기를 끌고 있다. 이야기의 전문성과 이야기의 폭발성의 증거다. 강연 사업을 자세히 살펴보면 평범한 우리 모두 주인공이 될 수 있다.

'한 사람의 인생은 책이다.' 란 말이 있다. 우리는 유일무일한 존재로 누구도 똑같은 삶을 살 수 없다. 비슷한 콘셉트의 책은 많아도 100% 똑같은 책은 이 세상에 존재하지 않는다. 모두가 고유의 이야기를 갖고 있다. 세상이 똑같이 살 것을 강조해도 똑같이 살 수 없다. 삶 자체는 모두가 다르다. 하지만 누구는 타인이 짜준 스토리로 삶을 채워가고 누구는 자신의 그림으로 삶을 채워나간다.

세상에 주인공으로 살든, 주변인으로 살든 그건 선택의 몫이다. 중요한 건 자기가 그린 그림으로 살아가느냐가 중요하다. 자신이 그린 그림으로 살기 위해서 자신만의 스토리가 필요하다.

괴짜 예술가로 알려진 살바도르 달리가 있다. 그의 트레이드마크인 콧수염은 많은 사람들 기억 속에 존재한다. 그는 미국 〈내 직업은 무엇일까요〉 프로그램에 출연했다. 연예인 패널들이 눈을 가리고 직업을 맞추는 프로였다. 눈을 가린 연예인들은 그에게 다양한 질문을 쏟아냈다. 달리는 많은 부분에서 '예'를 외쳤다. 패널들은 혼란스러웠다. 글을 쓰는지 묻자 '예', 연기를 한 적이 있는지 묻자 '예'로 대답했다. 많은 것을 '예'로 외친 사람을 처음으로 접한 패널들은 격앙된 목소리로 "이 사람은 도대체 안 해 본 일이 없어요."라고 소리쳤다.

살바도르 달리는 단순한 예술가가 아니다. 흥행에는 성공하지 못했지만 《숨겨진 얼굴》이란 소설을 집필했고 여러 권의 단행본을 집필했다. 행위예술을 하며 연극을 했기 때문에 연기도 했다고 할 수 있다. 그는 가구 디자이너, 애니메이션 제작자, 영화 제작자 등 도전을 멈추지 않았다.

다양성을 중시하는 창작자답게 그는 정말 다양한 일을 했다. 그리고 권위 있는 예술작품을 조롱했다. 기존 예술권력에 대항하는 일도 많았다. 그만큼 기존 세상이 만들어버린 이야기를 거부하고 자신만의 이야기를 전개했다. 당시 활동했던 수많은 예술가들은 사라졌지만 살바도르 달리의 작품만큼은 대중 속에 살아 있고 그의 스토리 역시 살아 있다. 자신만의 스토리를 채웠기 때문에 영원히 사는 사람이 된 것이다.

우리 주변에 자신만의 스토리로 삶을 꾸려가는 사람이 많다. 모두가 부러워하는 직업, 위치에 있어도 안전지대를 벗어나 이야기를 채워간다. 세상에 보여주기 위한 이야기가 아닌 자신에게 철저하게 집중한 스토리다. 자신의 이야기에 집중했을 뿐인데 세상은 자청해 알아준다. 가만히 있어도 강연 산업 종사자들이 알아서 주목해서 세상에 이야기가 알려진다.

대한민국을 대표하는 직업 중 하나가 외교관이다. 신상목 대표 역시 대한민국을 대표하는 외교관이었다. 그는 어느 날 파키스탄 특급 호텔에서 가족들과 식사하기 위해 예약을 했다. 개인적인 업무 처리로 도착 시간이 늦어졌다. 그런데 가족들과 호텔로 가는 중 '쾅' 하고 폭발음이 들려왔다. 자살폭탄테러 사건이었다. 그 시간이 가족과 식사가 예약된 시간, 식당이라는 사실을 훗날 알았다. 100여 명의 사망자를 냈고 체코 대사 등 외국인 6명도 사망했다. 신상목 대표는 이 사건으로 죽음이 언제든 가까이 있다는 걸 새삼 깨닫고 삶의 의미를 재정립했다. '오늘이 내 삶에 마지막이라면 무엇을 할 것인가.' 이 질문을 던지며 자신이 가진 진짜 욕망을 끄집어내고 싶었다.

과거를 돌아보며 자신이 가장 행복했던 순간을 기억했다. 대사관 업무 중에 민원인들과 씨름하고 늦은 점심을 먹은 때가 가장 행복한 순간이었다. 식당을 나서서 웃으며 일상으로 돌아갈 때면 식당이야말로 행복을 파는 곳이라 생각했다. 문제는 어떤 식당을 낼 것인가였다.

테러사건 이전에도 식당에 관심이 많아 일본에 3대째 내려온 우동 가게에 가서 한국 지점을 내고 싶다 말했지만 가게 주인은 외교관을 그만두고 이야기하자며 딱 잘라 거절했다. 테러사건을 겪은 뒤 지금 하지 않으면 영원히 못 할 거라 생각해 우동 집에 편지를 보낸다. 3대째 내려온 맛을 한국에도 알리고 싶다는 내용이었다. 우동 장인은 자신의 우동을 소중히 여긴 그의 열정에 감복해 기술 전수를 허락한다.

열정만 있을 뿐 방법을 모르던 그는 4년간의 긴 준비 끝에 강남역 기리야마에 우동가게를 차린다. 그러고는 잠자는 시간을 빼고 가게 운영에만 집중하고 있다. 그는 인터뷰에서 지금도 외교관 역할을 하고 있다고 자부한다고 말한다. 국내에 일본 음식점이 많지만 형식만 일본 음식인 경우가 많은데, 자신은 그들의 요리업에 대한 자부심, 직업정신을 한국에 알리는 중이니 외교관이라는 설명이다. 남들 눈에는 작은 우동가게지만 자신만의 이야기와 자신만의 철학을 가지고 일을 하고 있다.

TIP

내 삶의 주인공은 나라는 말은 책, 노래, 드라마 대사 등에서 많이 볼 수 있다. 내 삶의 주인공이 나라면 앞으로 전개해야 하는 이야기 역시 내가 만들어가는 것이다. 남들의 이야기나 권고는 단순 참고만 하고 내 뜻으로 펼쳐나가지. 우리는 홀로 나쌀어가는 모노드라마를 찍고 있다. 내가 주인공이고 내가 작가다.

사랑의 눈으로 세상을 보면
상처받지 않는다

　'강자의 특권'이라는 말을 들어본 적 있는가? 현대에서 강자라 하면 갑의 횡포, 독식, 불합리, 지배하는 것 등의 물리적인 느낌이 떠오를 수 있다. 하지만 고전에서 말하는 강자의 특권은 정신적인 것으로 표현된다.

　그중 하나는 용서하는 일이다. 분노라는 감정을 이겨내지 못하고, 그 분노로 자신을 파괴하며 사는 사람은 결코 어느 것 하나도 용서하지 못한다. 아무리 고통스러운 분노가 나를 사로잡아도, 그 분노를 냉정하게 바라보고 이겨낼 수 있는 자만이 진정으로 강한 사람이며, 그 사람만이 분노가 자신의 삶을 장악하지 못하게 만든다. 이렇듯 용서는 강자의 표식이며, 강자의 전유물이다. 그래서 누군가를 용서하는 일은 자신이 강하다는 걸 보여주는 일이다. 용서하는 일에는 관대함이 있어야 한다. 형식적인 관대함은 가식이 있어야 하지만 진정한 관대함은 사랑이 있어야 가능하다. 또한 용서는 나를 위한 행동이다. 내가 용서한다면 잊어버릴 수 있다. 용서하지 못한다면 상대야 어찌 되든 나만 마음에 상처를 남기고 화를 낼 뿐이다. 진실한 용서는 미움의 대상에게 자유를 준다. 그리고 나면 자신이 풀어준 미움의 대상이 바로 자신이었음을 깨닫게 된다. 용서한다는 것은 나를 자유롭게 하고 평안하게 한다.

용서는 나를 위한 것이며 용서하기 위해선 세상을 보는 눈 역시 바꿔야 한다. 세상을 어떤 눈으로 보느냐에 따라 결과는 천차만별이 된다는 점을 알아야 한다. 또한 나에게 많은 영향력을 미친다는 사실도 인지해야 한다.

일본의 3대 경영의 신으로 추앙받는 마쓰시타 고노스케의 3가지 복을 보면 알 수 있다. 마쓰시타 고노스케는 '가난', '허약함', '낮은 학벌' 이 복이라 말한다. 일반 사람이 볼 때는 그 3가지는 복이 아니라 재앙이다. 하지만 "가난했기에 어릴 적부터 구두 닦기, 신문팔이 등 일찍 세상 경험을 쌓을 수 있었고, 몸이 허약해 항상 운동을 했고, 초등학교밖에 졸업하지 못했기에 세상 모든 사람을 스승으로 여기며 배우기를 게으르게 하지 않았다." 라고 그는 말한다. 어떤 눈으로 어떻게 보느냐에 따라 세상은 달라진다. 만약 마쓰시타 고노스케가 세상과 자신을 비교하며 불공정함에 분노하고 비판만 하고 있었다면 어땠을까. 그러한 환경에서 태어난 자신의 삶을 저주하며 낮은 자존감의 감옥에 갇혀 지금의 그는 없었을 것이다.

길을 가다 누군가 나의 어깨를 치고 사과 없이 떠났다면 나는 어떠한 반응을 하게 될까. 자신밖에 모르는 이기적인 사람이 나를 무시했다는 생각이 들어 기분이 나빠지며 욕이 튀어 나올 수도 있다. 또는 바빠서 그런가 보다 생각하며 금방 잊고 자신의 갈 길을 갈 수도 있다. 기분 나쁘다고 상대에게 따지고 들거나 부정적인 반응을 보인다면 내 시간, 내 감정, 내 체력 등 다양한 것을 손해 보게 된다. 만약 사랑의 눈으로 본다면 손해 볼 것 없이 내 갈 길 가면 된다. 즉 용서와 이해라는 사랑의 눈으로 본다면 손해는 없다. 누군가를 용서하면 나와 타인 모두 이익을 보게 된다.

1992년 미국 한 경기장에는 유례없는 경기가 시작되었다. 수많은 취재진, 응원하는 사람 등 모두가 경기를 기다리고 있었다. 잠시 후 선수가 입장하는데 사우스웨스트 항공사 허브 회장과 스티븐스 항공 커트 허월드 회장이었다. 링 위에 올라온 두 회장은 사회자 진행에 맞춰 팔씨름 대결을 시작한다. 세계적인 항공사 회장의 팔씨름 대결인 것이다.

사연은 이렇다. 두 회사는 '합리적인 여행(Just Plane Smart)'이라는 광고 카피를 자신이 먼저 사용했다고 법정소송을 앞두고 있었다. 기업소송은 엄청난 비용이 예정되었고, 소송을 보는 고객들에게는 회사 이미지에 부정적인 영향을 끼칠 수 있었다.

다행히 사우스웨스트 항공사 허브 회장은 엉뚱한 생각을 가지고 경영하기로 유명했다. 허브 회장은 스티븐스 항공 커트 허월드 회장에게 소송 대신 팔씨름 대결을 하자고 제안한다. 삼판양승제이며 패자는 한 판에 5000만 달러씩 자선단체에 기부를 하자는 내용이다. 커트 허월드 회장 역시 승낙한다. 허브 회장은 자신이 이길 수 있다며 운동하는 장면을 전국

TV에 송출한다. 미국 국민들은 즐거운 눈으로 둘의 대결을 빨리 보고 싶었다. 그리고 대회 당일 수많은 인파와 시청자들 속에서 항공사 회장 팔씨름 대결이 시작되었다. 팔씨름 판에는 위스키가 있었고, 허브 회장은 시가를 물고 있어 둘 다 여유 있어 보였다. 결과는 나이, 체력에서 유리했던 커트 허월드 회장의 승리였다. 둘은 유쾌하게 결과를 받아들였다.

잠시 후 허월드 회장은 허브 회장에게 '합리적인 여행(Just Plane Smart)' 문구를 사용해도 좋다고 제안했다. 팔씨름 강자의 여유인 셈이다. 이에 화답하듯 허브 회장은 소송 비용으로 따로 빼놓았던 10만 달러를 '근육위축병협회'에 기부했다. 세기의 팔씨름 대결은 모두가 승자였고 관객, 시청자 모두가 승리했던 대결이었다. 훗날 허브 회장은 조지 허버트 워커 부시 대통령에게 '패배' 축하편지를 통해 가장 즐겁고 유쾌한 대회였다며 칭찬을 받는다. 이 대회는 대표적인 퍼니지먼트(재미와 경영의 합성어) 사례로 남게 되었다.

두 회장은 큰 비용이 드는 소송을 앞두고 분노의 표출 방법을 유쾌하게 찾아냈다. 물론 여기에는 회사 이미지 마케팅 등의 복잡한 계산이 들어가 있겠지만 말이다. 자칫하면 회사에 큰 손실로 이어질 수 있었던 일을 기회 삼아 놀라운 결과를 이끌어낼 수 있었다. 고객을 사랑하는 눈, 약자를 사랑하는 눈, 경쟁회사를 사랑하는 눈으로 말이다. 만약 사랑하는 눈이 없었다면 두 회사는 지리멸렬한 소송으로 들어갔을 것이다. 서로를 사랑하는 눈으로 봤기에 상처가 아닌 원-윈(win win)하는 구조가 완성되었다.

이렇게 서로를 사랑하는 눈으로 본다면 자신뿐만 아니라 모두를 사랑으로 볼 수 있다.

반대인 경우도 있다. 과거 청소년들을 지도한 적이 있었다. 불우하다고 표현되는 가정에서 자란 아이들이 대부분이었다. 어린 시절 부모의 사랑을 충분히 받지 못하고 방치되어 자라온 그들은 가정에서도 사회에서도 계속 피해자가 되었다. 어린 시절 처음 사회생활이 시작된 가정에서의 학습으로 어렸던 자아가 잘못 형성된 경우, 그들은 모가 난 성향을 갖기가 쉽다. 그 모퉁이에 다른 무언가가 부딪히면 찔리기 마련이다. 하지만 불행히도 모가 난 그들은 자신을 보기 어렵다. 그저 다른 문제들이 자신을 공격한다고 생각한다. 이 친구들은 자신의 모난 부분 때문에 사회생활이 더 어려웠고 상처는 더욱 늘어났다. 어릴 적 형성된 자신만의 기준으로 세상을 대했기 때문에 자신의 행동을 당연한 것으로 생각했다. 혹은 자신이 잘못되었다고 깨달아도 고치기가 어려웠다. 이유는 방법을 모르기 때문이다. 자아가 형성될 시기에 학습된 신념들로 왜곡된 사랑을 배웠다. 자신의 상처로 자신을 방어하고자 남을 찌르고 거기에 찔린 남이 또 자신을 찌르는 일들이 되풀이되었다. 이런 일들이 반복될수록 아이들이 받는 상처는 더욱 깊어졌고 지도하는 나 역시 매우 힘들었던 기억이 있다.

사랑의 눈으로 세상을 볼 줄 아는 사람은 사랑을 받아본 사람이다. 그것을 나누며, 여러 상황에서 사랑으로 보는 방법을 알고 있다. 해보지 못한 사람은 한계가 있다. 사랑의 눈으로 볼 줄 모르는 사람은 어떻게 해야 할까? 멀리서 찾지 말자. 자신부터 제대로 사랑해보자. 나 자신을 어떻게 사랑할 수 있을까? 먼저 나 스스로를 용서해야만 한다. 자신을 진정으로 사랑하고 믿는다면 자신을 상처 입게 하고, 방황하게 두지 않는다. 그리고 타인을 사랑하는 방법도 알게 된다.

세상에 일어나는 사건은 하나의 현상일 뿐이다. 계절이 바뀌고, 꽃이 피고, 눈이 내리는 자연현상은 물론 버스를 타고, 지하철에서 내리며, 승진을 하고, 사업에 성공하는 것 역시 사람간의 현상이다. 현상은 자연스럽게 일어난다. 중요한 건 현상을 보는 나의 눈이다. 나의 눈에 따라 현상의 해석은 천차만별이다. 현상을 볼 때 사랑의 눈으로 보자. 사랑으로 봐야만 내가 상처 입지 않고, 타인에 대한 편견을 가지지 않을 수 있다. 당신의 눈은 어떠한가? 나를 위해 타인을 위해, 사랑의 눈으로 보는가? 아니면 부정적인 눈으로 보는가?

사랑의 눈을 갖기 위해선 우선 현상 자체를 지켜보는 습관을 가지자. 편견이나 생각을 개입하지 말고 지켜보는 것이다. 그리고 내 마음을 투영시켜 긍정적으로 보면 된다. 물론 어렵다. 세상을 24시간, 365일 긍정적이고 사랑으로 보기 힘들다. 하지만 꾸준히 하다보면 세상을 완전히 다르게 볼 수 있다.

우리는 관점에 따라 많은 것이 변화된다. 사랑의 눈 역시 관점이며 나의 마음가짐이다. 누구도 아닌 나를 위해 그리고 나를 위한 행동이 타인도 긍정적으로 변화시킬 수 있게 사랑의 눈으로 세상을 보자.

아래는 세계적인 베스트셀러인 성경의 한 구절이다.

"사랑은 오래 참고 사랑은 온유하며 투기하는 자가 되지 아니하며 사랑은 자랑하지 아니하며 교만하지 아니하며 무례히 행하지 아니하며 자기의 유익을 구하지 아니하며 성내지 아니하며 악한 것을 생각지 아니하며 불의를 기뻐하지 아니하며 진리와 함께 기뻐하고 모든 것을 참으며 모든 것을 믿으며 모든 것을 바라며 모든 것을 견디느니라." (고린도전서 13장 4-7)